기억의 문법

기억의 문법

박민혁
에세이

epikhē

추천의 말

사랑이 시간을 이길 때

잊지 못할 귀여운 생명체를 만났다. 〈혜민혁 그리고 지유진〉 그 이름들을 떠올리는 지금도 미소가 지어진다. 2023년 8월부터 6년의 사랑 이야기를 생생하게 SNS에 올리기 시작했던 민혁 씨 부부. 〈고등학교 담임선생님과 결혼한 제자의 이야기〉를 연재해나갈 무렵, 눈 반짝이며 부부의 사랑 이야기에 푹 빠진 인간극장 팀이 있었다. 몇 개월의 시간을 두고 섭외를 이어나갔고 설레던 첫 만남.

그렇게 2024년 1월, 〈나는 선생님과 결혼했다〉 편으로 방송을 탔다. 짝사랑이자 첫사랑 혜민 씨가 고등학교 담임선생님이었고, 부부 둘 다 과학 선생님이었기에 제목도 딱이었다. 시청자들의 반응은 뜨거웠다.

〈나는 선생이고 너는 학생이야 현실판이네요, 행복하세요.〉

〈존경하는 사람과의 첫사랑. 존경하기에 순수했던 마음이 변치 않았던 것 같다. 천생연분.〉

〈이런 부부가 지구 세상에 가득했으면 좋겠다.〉

부부가 보여준 사랑과 행복의 의미는 높은 화제성과 시청률까지 기록해 KBS 우수 프로그램상 TV 부문 우수상까지 받았다.

사실, 누구나 고등학교 시절, 좋아하는 선생님 한 분은 있을 터. 그 마음이 오롯이 이어져 독일로 이민을 갔지만 다시 돌아와 사랑을 고백했던 민혁 씨. 방송에는 분량 때문에 담지 못했지만, 스무 살의 민혁 씨가 독일로 가면서 1년 후에 돌아오겠다며 당시 담임선생님이었던 혜민 씨에게 주고 간 책이 기억에 남는다. 인상 깊은 문구마다 볼펜으로 꾹꾹 눌러 쓴 메시지들.

〈정말 옆에 있어주는 것만으로도 큰 힘이 되고 큰 위로가 되는 사람이 있어요.〉

〈저도 샘을 만나고 덕분에 인생이 바뀌었죠.〉

빼곡하게 적어 놓은 메모는, 당신을 좋아한다는 고백. 그리고 정말 1년 후 거짓말처럼 학교로 찾아갔다는 옛 제자. 〈사랑〉이란 말 대신 매일 함께 시간을 보내며 마음이 전해지길 바랐다니… 나이는 어렸지만 성숙한 사랑을 하는 민혁 씨였다. 사랑을 받아들이고 자신의 마음을 알기까지 겪어야 했을 혜민 씨의 갈등… 8살의 나이 차이, 선생님과 제자 등 〈사랑〉 앞에 열어야 할 문들이 있었다. 그때마다 서로를 향한 사랑으로 현실의 문턱을 넘은 부부. 사랑의 이유가 사랑이었음을, 그리하여 사랑은 힘이 세다. 무슨 말이 더 필요할까.

지금도 두근거리는 민혁 씨의 편지 하나를 공개하고 싶다.

> **나의 양자역학적 바닥상태, 혜민에게**
> …
> 우리의 5주년 축하합니다. 시간이 상대적으로 흐르듯 서로 다른 시간을 살던 우리가 결맞은 파동이 된 지 5년이 되었습니다. 내 안에 존재하는 수많은 고민으로 인해 불안정한 들뜬 상태가 되어도 내 아내, 당신 존재로 인해 안정된 바닥상태로 돌아갈 수 있습니다. 당신 안의 나를 관찰하면 아마 암흑 사이에 형형색색 선들로 이루어져 있을 거예요.
> 무슨 말인지 모르겠다고요?
> 그냥 당신과 함께 있어 행복하고
> 당신과 함께 있을 나의 삶이 기대된다는 것을
> 알아주세요 사랑합니다.

이렇게 낭만적인 이과생의 사랑고백이라니⋯ 방송 후 2년, SNS에서 사랑스러운 두 아이 지유와 유진이(=지유진)와 함께 형형색색 피워가는 사랑에 마음이 흐뭇해진다. 언젠가 책을 쓸 거라던 민혁 씨. 그때를 기다려온 한 사람으로서 책 출간을 진심으로 축하하며, 독자들도 이 충만한 사랑 이야기에 빠져들지 않을까.

KBS 「인간극장」 김작가

프롤로그

그녀를 향한 기억의 문법
사랑은 결국, 기억의 한 형태다

혜민이 물었다.

「내가 기억을 잃게 되면, 내가 디멘시아를 앓게 되면 어떡해? 가장 소중한 기억부터 잃게 된대.」

나는 대답을 회피했다. 그저 웃어 넘겼다. 그날 밤, 혜민의 그 질문이 다시 떠올랐다. 눈치채지 못한 사이, 눈시울이 뻑뻑해지고 코끝이 시큰하게 아려왔다. 다시금 빠져들게 된 하루키 문학의 영향인지, 아니면 목구멍으로 넘어가는 차게 식은 샤블리의 잔향 때문인지는 모르겠다. 어쨌든 마음이 조금은 감상적으로 변해 있었다.

〈소중한 기억을 잃게 되면 어떻게 될까.〉

〈가장 소중한 기억을 잃게 되면 어떻게 될까.〉

그 질문이 내 안에서 오래 머물렀다.

나에게 소중한 기억은 무엇일까.

유년 시절의 화목한 집, 어머니와 아버지의 사

랑을 듬뿍 받던 어린 날의 시간, 가장 절친한 세 살 터울의 남동생 A와의 추억, 무엇과도 바꿀 수 없는 소중한 고양이 하루와 하비가 나눠준 따뜻한 온기, 학창 시절 친구들과 보낸 숱한 밤과 낮,

그리고, 내 목숨과도 기꺼이 바꿀 수 있는 두 아이와 지나온 시간과 공간. 하지만 아무래도, 아니 역시나 가장 소중한 기억은 〈그녀와 함께했던 모든 순간〉이다.

내 옆에 누운 혜민이 다시 물었다.

「내가 디멘시아를 앓으면 어떨 것 같아?」

물이 가득 찬 잔잔한 수조 같은 공간에 나의 대답 한 방울이 떨어졌다. 그 한 방울은 불가피한 열역학의 법칙을 따라 허공으로 퍼져나간다.

「우리의 사랑 이야기, 세상 그 어떤 이야기보다 아름다운 우리 둘의 이야기를 책으로 쓸 거야. 그리고 그 책을 당신에게 읽어줄 거야. 천천히, 가능한 오래도록 읽어줄 거야. 내가 이 책을 읽어주는 당신은 그 이야기가 본인의 이야기인 줄 모르겠지. 하지만 서서히 빠져들고, 행복해질 거야. 우리의 이야기는 그토록 아름다우니까. 우리의 사랑은 그런 거니까.」

내가 떨어뜨린 한 방울은 이제 수조 곳곳에 닿아 있었다. 혜민의 숨결이 점차 규칙적으로 변했다. 한낮의 주황빛 햇살 아래, 나른한 고양이가 갸르릉 소리를 내며 잠에 빠져들 듯, 그녀의 눈이 천천히 감겼다.

「당신을 향한 나의 사랑을 전부 담을 수 있는 역작을 남기고 싶어. 물론 이런 욕심으로 시작하면 끝이 좋지 않을 수도 있겠지. 하지만 내 마음은 그래. 당신을 향한 나의 마음, 나의 사랑을 최대한 있는 그대로 표현하고 싶어. 있는 그대로 표현할 수 있다면, 그건 한낮의 열기가 식고 시원한 바람을 타고 우리에게 닿는 여름밤의 라일락 향기처럼, 혹은 추운 겨울, 모든 이들이 고개를 들어 하늘을 바라보게 만드는 첫눈처럼 아름다운 사랑일 거야. 이렇게 글로 감정을 표현할 수 있음에 감사한 새벽 1시 5분. 이제 슬슬 졸리네. 당신 옆에서 잠을 청할까 해. 내일도 우리, 아니 언제나 지금처럼 사랑하자. 사랑해, 혜민.」

목차

추천의 말 사랑이 시간을 이길 때 005
프롤로그 그녀를 향한 기억의 문법 009

1

부자(父子) 같지 않은 부자 1 019
부자(父子) 같지 않은 부자 2 023
부자(父子) 같지 않은 부자 3 026
사랑의 의미 028
함박눈과 멜랑콜리 030
60살 많은 나의 베스트 프렌드 040
3살 어린 나의 베스트 프렌드 046
나의 첫 고양이 하루 그리고 하비 (상) 051
나의 첫 고양이 하루 그리고 하비 (하) 058
오토캠핑 065

2

내가 지나온 공간의 지도 073

나는 이담에 커서 1 077

나는 이담에 커서 2 082

이방인의 숨, 16개월 087

사색의 길 위에서 091

사랑받은 아이의 완벽한 무게 096

3

그녀를 처음 본 순간 (상) 103

그녀를 처음 본 순간 (하) 109

1년짜리 약속 116

결실 122

공황의 밤 126

고난 끝에 행복이 있나니 130

8시간의 거리, 8,500킬로미터의 약속 135

사랑의 최전선, 8월의 유럽 141

리턴 티켓 없는 비행 147

다이아몬드의 계절 152

4

12월 23일의 기적 161

딸에게 쓰는 편지 164

온몸으로 듣는 법 169

텔레비전에 내가 나왔으면 173

하루키와 비포 선라이즈 사이에서 178

모든 순간마다 네가 진심이길 182

에필로그 다시, 12월의 약속 185
작가의 말 사랑으로 기억하는 삶 187

1

부자(父子) 같지 않은 부자 1
닮지 않았지만, 닮을 수밖에 없었던 시간들

참으로 감사한 유년 시절을 보냈다. 내가 지나온 날을 어떻게 설명하면 좋을까.

나는 예술가적 기질을 가진 아버지와 사랑의 참 의미를 알게 해주신 어머니 사이에서 태어났다. 밑으로는, 지금도 가장 절친한 세 살 터울의 남동생 A가 있다. 가족과 함께 있는 시간은 참으로 행복했다. 아직도 생생하게 기억난다. 주말이면 해가 이미 한참 올라 큰 통창이 난 거실로 무자비할 정도로 밝은 빛이 들이쳤다. 그 빛 속에서, 나를 직격하는 그 빛의 뜨뜻함을 만끽하며 느릿느릿 침대 속을 빠져나오곤 했다. 옆에는 아직 꿈에서 헤어나지 못한 동생이 누워 있었고, 눈이 아플 정도로 해가 들이치는 거실을 지나 안방을 슬며시 들여다보면, 부모님도 한 주간 달아오른 노동의 뜨거움을 달콤한 늦잠으로 식히고 계셨다. 십수 년이 지난 지금도 이토록 기억이 또렷한 건 그 순간이 참으로 행복했었다는 의미일 것이다.

가족과 함께 있음에, 그리고 사랑하는 사람들과 하루를 함께 보낼 수 있음에. 그런 보통의 하루아침이면, 식구들이 깰까 살금살금 거실로 나와 벽면을 가득 메운 책장을 우두커니 바라보며 서 있었다. 한참을 고심하다 한 권을 골라 꺼내어 앉는 것으로 하루를 시작하곤 했다.

아버지는 20년이 훌쩍 넘도록 서울시 종로구에 위치한 설계사무소에서 근무했다. 이름만 들어도 알 만한 회사였기에, 그런 회사에 당신의 뜨거운 청춘을 바쳤기에 아버지는 물론 나도 나름의 자부심이 있었다. 무뚝뚝한 성격의 소유자였지만, 말보다 행동으로 보여주는 사람이었다. 각종 스포츠를 좋아하셨던 아버지는 두 아들과 캐치볼을 하고, 축구를 하며 주말을 보냈다. 그렇지만 아버지는 무엇보다 가족과 함께 여행하는 것을 좋아했다. 그래서 나는 갓난쟁이 때부터 전국 곳곳을 다녔다. 1년이 52주라면 대략 52번 여행을 떠났다. 중학교 2학년 무렵, 내가 뉴욕에 가고 싶다고 노래를 부르자 아버지는 2주간의 잊지 못할 뉴욕 여행을 선물해 주셨다. 낭만적인 사람이었다. 학생들을 가르치고, 박사 논문 쓰랴 집안일 하랴 항상 바빴던 어머니, 합숙이 잦았던 운동부 동생 덕에, 나는 아버지와 둘만의 여행을 자주 갔다. 그중 가장 기억에 남는 여행을 꼽자면, 초등학교 졸업을 앞두고 간 지리산과 설악산 종주, 그리고 중학교 졸업을 앞두고 간 히말라야 안나푸르나 트레킹(ABC)이다.

어느 날, 아버지가 넌지시 물으셨다.

「아빠랑 같이 등산 갈래?」

평소 등산을 자주 하던 편은 아니었지만, 거절을 모르는 나이였다.

〈난 운동 좋아하니까요〉라며 긍정의 대답을 했다. 지금은 어렴풋한 기억이지만 아마 재미있을 것 같다고 생각했을 것이다. 아니면 〈중학생이면 이제 어른이니까 등산 정도는 거뜬히 해내야지〉 하는 객기 어린 마음이었을지도 모른다.

그날 이후, 아버지는 행동과 명성에 걸맞게 바로 다음 주 지리산으로 떠나자고 하셨다. 나중에야 알았다. 아버지는 내가 더 어릴 때부터 아들과의 등산을 꿈꾸고 계셨다는 것을. 그 마음을 떠올리면 지금도 가슴 한편이 따뜻해진다. 그로부터 일주일 뒤, 우리는 구례구행 야간열차에 몸(과 묵직한 짐들)을 실었다. 주변엔 우리와 같은 목적을 가진 등산복 차림의 여행객들이 어렵지 않게 보였다. 다들 거사를 앞두고 체력을 비축하듯 눈을 감고 있었고, 나도 차디찬 서리가 낀 창에 머리를 기대며 잠을 청했다. 열차는 쉬지 않고 달려 금세 구례구역에 도착했다. 밤새 내린 눈이 정강이까지 쌓여 있었다. 눈을 무척 좋아하는 나는 신이 났지만, 아버지의 표정은 왜인지 사뭇 어두웠다. 아직 해도 뜨지 않은 이른 새벽, 우리는 어둑한 산길을 오르기 시작했다. 아직 발이 작아 아이젠이 발에 딱 맞지 않았지만, 묵묵히 아버지의 발걸음을 따라갔다. 발을 옮길 때마다 푸욱, 푸욱 하는 눈의 소리가 들려왔다.

어느 순간, 아버지가 멈추셨다.

「그만 내려가자. 포기할 줄 아는 것도 용기야. 다음에 다시 도전하자.」

아버지의 표정엔 아쉬움이 묻어 있었다. 그래서 나도 조용히 고개를 끄덕이며 발길을 돌렸다. 하산 후, 아버지는 큼직한 배낭에서 버너와 코펠을 꺼내 라면을 끓이셨다. 동이 터 오는 눈 덮인 산 속에서 먹는 라면의 뜨거운 국물은 지금도 잊히지 않는다. 그로부터 2주 후, 우리는 다시 구례구행 열차에 올랐다. 그리고 3박 4일간의 지리산 종주를 성공적으로 마쳤다. 그 후, 덕유산과 설악산 등 우리나라의 명산을 함께 올랐다. 그 시간들은, 아버지와 나 사이의 가장 단단한 연결이 되었다.

지리산 종주 후 약 두 달 뒤, 설악산 종주를 마치고 내려오는 길에 아버지가 무심히 말했다.

「우리, 다음엔 히말라야도 가볼까?」

나는 또다시 망설임 없이 대답했다.

「좋아요!」

부자(父子) 같지 않은 부자 2

시간이 흘러, 내가 중학교를 졸업하는 겨울에 아버지와 나는 카트만두행 비행기에 올랐다. 아버지는 이미 항공권을 준비해 두셨다. 히말라야 트레킹을 위해 인천에서 8시간을 날아 카트만두에 도착했고, 다시 포카라행 버스를 타야 했다. 비포장도로를 6시간 넘게 달려 도착한 포카라의 허름한 숙소에서 하루 묵고, 곧바로 다음 날 트레킹이 시작됐다. 짐을 들어주는 〈포터〉가 함께했다. 우리의 포터는 〈민〉이라는 이름의, 두꺼비를 닮은 인상 좋은 키 작은 아저씨였다.

첫날은 짧게 걸었다. 마을마다 까무잡잡한 피부의 구멍이 숭숭 뚫린 옷을 입은 아이들이 달려오며 어리숙한 한국어로 〈초콜릿 주세요〉를 외쳤다. 어릴 때 할머니에게서 들었던 6.25 한국전쟁 시절 우리나라 어린이들이 미군이 지나가면 쪼르르 달려가 외쳤다던 〈기브 미 쪼꼬렛〉이 떠올랐다. 나는 〈달달 주머니〉라 이름 붙인 파우치에서 초콜릿과 캐러멜을 꺼내 하나씩 나누어 주었다. 숙소에 도착한 후, 아버지는 맥주 한 병을, 나는 환타 한 병을 들고 〈짠〉 하며 산 아래 풍경을 바라봤다. 날이 저물고, 산등성이마다 불빛이 하나둘 켜졌다. 별빛처럼 빛나는 산의 불빛들 — 그 고요한 풍경을 한참 바라보다 잠들었다.

둘째 날, 공포의 〈M자 계단 구간〉이 우리를 기다리고 있었다. 수백 개의 계단을 오르고, 또 내려오고, 다시 오르기를 반복하는 길. 옆은 천길 낭떠러지였다. 몇 시간째 먼지가 폴폴 날리는 흙 계단을 오르내리다 지칠 대로 지쳐, 순간 이런 생각이 스쳤다.

〈차라리 떨어지는 편이 낫겠어.〉

지금 생각하면 미친 말이지만, 그때는 그게 가장 합리적인 판단처럼 느껴졌다. 결국 나는 중간 휴게소에서 쓰러지고 말았다. 말 그대로 혼절을 한 것이다. 시간이 얼마나 지났을까, 정신을 차려보니 아버지가 보부상에게 산 싱그러운 빨간 토마토를 내밀고 있었다. 그때 베어 물었던 한 입, 시원한 토마토의 그 새콤달콤한 과즙은 지금도 잊지 않는다. 차가운 공기와 함께 온몸에 기운이 돌아왔다. 그 뒤로는 힘들지 않았다. 혹독한 육체적 고통에 점점 적응해 나갔고, 트레킹이 한결 즐거워졌다. 그리고 넷째 날, 드디어 ABC에 도착했다.

그날 밤, 아버지와 나는 잠들지 못했다. 콧물이

얼 정도로 찬 공기를 마시며 밖으로 나와 하늘을 올려다봤다. 책에서 사진으로만 보던 은하수가 선명했다. 그날 우리가 잠들지 못한 이유는 고산병 때문이었지만, 그 시간은 우리에게 선물 같았다.

하산 길에는 오히려 아버지의 상태가 심상치 않았다. 걷는 속도가 현저히 느려지더니 연신 구토를 하고, 몸을 가누지 못했다. 나는 멈춰서 아버지를 기다렸다. 그때 처음, 언제나 강하다고 믿었던 아버지의 약한 모습을 보았다. 슈퍼맨 같은 존재도, 아니 그 어떤 존재라도 시간 앞에서는 누구나 무력해진다는 걸, 아버지도 쓰러질 수 있다는 것을 그날 알았다. 집으로 돌아가는 날, 포카라 공항에서 비행기를 기다리는데 뒤돌아보니, 연초를 태우고 있는 아버지의 등이 보였다. 나는 그의 뒤집어진 재킷 후드를 바로 잡아 주었다.

아버지가 나를 데려갔던 수많은 공간, 가족과 함께했던 그 시간들이 모여 나 혼자 속으로 품었던, 내 안에서만 산발적으로 흩어져 있던 생각의 조각들이 실제적 경험과 맞물려 더욱 성숙한 가치관을 형성할 수 있었던 것 같다. 더 큰 세상을 경험하며 〈어떤 삶을 살고 싶은가〉, 〈어떤 가치를 우선시하며 살 것인가〉와 같은 질문의 씨앗이 내면에 심어졌다.

부자(父子) 같지 않은 부자 3

 사실 나의 아버지는 소위 말하는 〈만인에게 사랑받는〉 유형의 사람은 아니다. 경상도 남자 특유의 무뚝뚝함에, 예술가적 기질이 강했다. 그림을 잘 그리고, 무엇이든 손으로 뚝딱뚝딱 만들어냈다. 내가 어릴 적 살던 집의 가구 대부분은 아버지의 손에서 탄생했다. 사진도 잘 찍었다. 어머니와 나는 늘 말했다. 아버지는 꼭 사진전, 그림 전시를 열어야 한다고, 세상 사람들이 봐야 한다고.
 예술가의 재능 이면에는 예민함이 있었다. 당신만의 기준과 틀이 확고했다. 그래서 긴 대화를 나누기 어려운 사람이기도 했다. 그런데 이상하게도, 나는 다른 이들과는 달리 아버지와 대화를 나누는 것이 그리 어렵지 않았다. 아버지도 나를 편하게 여겼던 것 같다. 직접 물어본 적은 없지만, 그런 느낌이 있었다. 그런 그는 나에게 애틋한 사람이다.

중학교 1학년이 되던 해, 아버지는 전주의 설계 사무소로 이직했다. 주말 가족이 된 것이다. 아버지가 전주로 내려가기 전날 밤, 가족은 외식을 했다. 다음 날, 나는 평소처럼 〈학교 다녀오겠습니다〉를 외치며 집을 나섰고, 〈다녀왔습니다〉 하며 집으로 돌아왔다.

집 안은 고요했다.

아버지가 없다는 사실이 집을 더 적막하게 만들었다. 괜히 안방 옷장을 열어보고, 괜히 서재 책상에 앉아보고, 괜히 식탁의 아빠 자리에 앉았다. 그리고, 괜히 눈물이 흘렀다. 주말이면 다시 만날 수 있다는 걸 알지만, 홀로 운전하며 내려갔을 아버지를 생각하니 마음이 저려왔다. 아침에 혼자 깨어, 혼자 밥을 먹고 잠드는 아버지를 상상하니 당장이라도 보고 싶었다. 나는 곧장 전화를 걸었다. 통화음이 몇 번 울리기도 전에 아버지가 받았다.

「무슨 일 있어?」

「아니요. 무슨 일 없어요. 식사는 하셨어요?」

내가 느끼는 모든 감정을 담아 그렇게 물었다. 아버지는 나에게 여전히 애틋한 존재다.

사랑의 의미

나의 어머니는 〈나〉라는 사람이 가진 모든 따뜻함의 근원이었다. 항상 생각했다.

〈엄마가 나의 엄마라서 다행이야.〉

어머니에게도 큰아들인 나는 의지가 되는 존재였다고 한다. 부모님은 내가 중학교에 입학한 지 얼마 되지 않아 주말부부가 되었다. 그 이후, 내가 결혼하며 독립하기 전까지 어머니와 함께한 시간이 어머니가 아버지와 함께한 시간보다 길었다. 책을 좋아하게 된 것도 어머니의 영향이었다. 집안 벽면을 가득 채운 책장, 늘 책을 가까이하던 어머니의 모습. 그리고 매일 밤, 내게 책을 소리 내어 읽어주던 시간들. 나는 늘 질문이 많았지만, 어머니는 귀찮아하지 않았다. 함께 이야기꽃을 피워주었다. 책을 읽고 불을 끈 후에야 진짜 대화가 시작됐다. 그 시간들은 언제나 따뜻했다. 시곗바늘이 새벽 2시를 넘길 때까지 이어졌다.

「이제 정말 자야지.」

그 말 뒤에도 밤은 쉽게 끝나지 않았다. 어머니는 나를 있는 그대로 존중하고, 믿어주었다. 학교에서 쓰는 〈장래희망〉란에 〈부모님이 원하는 직업〉을 적으라 했을 때, 나는 늘 〈내가 원하는 것〉을 적었다. 내가 원하는 것이면 부모님도 믿고 지지해줄 것이라 믿었기 때문이다. 고민이 생기면 언제나 어머니에게 달려갔다. 지금도 그렇다. 어머니는 직접적인 해결책을 주지 않아도, 들어주고, 공감해주었다. 그리고 어머니가 하는 말 속에는 언제나 통찰이 있었다.

배움에 대한 끝없는 갈증 역시 어머니로부터 배웠다. 그녀는 늘 새로운 것을 배우며 더 나은 사람이 되고자 했다. 초등학교 3학년 무렵, 어머니는 새벽 4시에 시작하는 영어 회화 라디오를 들었다. 나도 따라 나섰다. 졸린 눈을 비비며, 멋모르고 따라하고 싶었다. 어머니는 따뜻한 커피를, 나는 따뜻한 차를 마시며 한 문장씩 따라했다. 잠을 이길 만큼 공부가 재미있었던 건 아니다. 그저, 그 시간 자체가 좋았다.

7미터 길이의 원목 책상에 나란히 앉아 시간의 흐름을 함께 나누는 일. 어머니의 모습은 내 안에 남았다. 끊임없이 배우고, 멈추지 않던 사람. 그래서 나도 지금 여전히 배움을 좇는다.

아이들은 부모의 모든 것을 보고 배운다. 그건, 변하지 않는 진리다.

함박눈과 멜랑콜리

1

어머니를 생각하면 명징하게 떠오르는 기억이 있다. 내가 운영하는 SNS 활동을 보면 믿기 어렵겠지만, 어렸을 때의 나는 아주 소심한 성격이었다. 그냥 소심한 정도가 아니라 극심한 수준의 소심함을 갖추었던 아이였다.

어느 정도였냐 하면, 초등학교 때까지 밤에 잠이 오지 않으면 불안해서 엄마를 찾으며 울었다. 늦게 자면 늦게 일어날 거고, 그러면 학교에 지각할 거고, 그러면 선생님에게 혼나고, 그러면 난 아이들 앞에서 망신을 당하겠지. 그런 생각들이 꼬리에 꼬리를 물고 나를 쫓아와 울었다. 그리고 수학 문제집을 풀다가 잘 풀리지 않는 문제를 마주치면 울었다. 머리를 쥐어뜯으면서 이 문제가 풀리지 않는 것에 스스로를 자책하며 울었다.

아, 그래서 어머니를 생각했을 때 떠오르는 기억 내지는 사건이 무엇이냐 하면, 초등학교 2학년 2학기 개학을 앞둔 무렵 나는 살던 집 근처에 새로 생긴 초등학교로 전학을 가게 되었다. 사실 이 학교는 2학년 시작과 동시에 개교를 했지만 나는 원래 다니던 학교에서 한 학기 더 다니다가 2학기에 전학을 간 것이다. 소심했던 나에게는 전학이라는 사건 자체가 위축되는 일이었는데, 1학기부터 이미 전학을 왔던 친구들은 벌써 다 친해져 있었고 나는 혼자였다. 게다가 아뿔싸, 내가 배정받은 반의 담임선생님은 상당히 강압적인 분이셨다. 그 선생님이 다른 아이들을 혼내는 모습을 보기만 해도 나는 잔뜩 겁을 먹었었다. 전학 오기 전의 학교에서는 온화한 선생님의 지도를 받았던 나에게 그런 분위기는 너무나도 낯선 분위기였던 것이다. 또 어느 하루는, 사랑하는 손주가 달콤한 잠을 조금 더 자기를 바랐던 할머니(후에 나오겠지만 나는 어린 시절 친할머니와 함께 살았다)의 지극한 사랑(?) 덕분에 지각을 한 적이 있다. 급하게 일어나 씻지도 못해 까치집을 얹은 머리를 하고 소매로 눈물을 훔치며 학교로 달려갔다. 아침 조회가 시작된 지 10분 정도 지났을 때 뒷문을 조용히 열고 교실로 들어섰다. 담임선생님이 특유의 고막을 찌르는 높은 목소리로 나에게 앞으로 나오라고 소리쳤고, 나는 아이들이 다 보는 앞에서 꾸지람을 들었다. 그러고선 조회가 끝날 때까지 한참 동안 교실 뒤에서 손을 들고 있었다.

그렇게 새로 주어진 환경에 적응하는 것에 어려움을 겪던 나는 결국 틱 장애를 얻게 되었다. 틱 장애의 양상은 다양하게 나타난다. 고개를 좌우로 까딱거린다든지, 반복적으로 의미를 알 수 없는 소리를 내뱉는다든지. 나의 경우에는 한쪽 눈을 깜빡거리는 것이었다. 오른쪽 눈을 나의 의지와 상관없이 깜빡거리게 되었다(윙크하는 것과는 엄연히 다르다. 오히려 찡그리는 편에 가깝다). 틱을 얻은 소심한 나는, 자신도 인지하지 못한 채 연신 깜빡거리는 눈이 다른 사람들에게 보여지는 게 신경이 쓰여 눈이 깜빡일 때마다 괜히 손으로 눈을 비볐다. 그 손으로 깜빡이는 눈을 가릴 심산으로.

그렇게 눈 깜빡임과 더불어 손으로 눈을 비비는 마찰이 더해져 나의 눈은 늘 벌개져 있었고, 정도가 심한 때에는 눈 주위에 고름이 잡혔다.

틱 장애는 심리적인 영향이 크다고 한다. 그 말을 들은 어머니와 오금동에 있는 아동 심리 치유 센터로 가서 주말마다 미술 치료를 받았던 기억이 희미하게 난다.

그 장소를 떠올리면, 입구에 거북이가 있었다는 것이 기억난다. 동물을 워낙 좋아하는 나는 미술을 하러 가는 것보다 그 거북이를 보러 갔었다. 거북이가 살기 좋은 환경을 만들어 놓아서 집안 곳곳을 거북이가 마음대로 활보하고 다녔다. 거북이 등도 만

저보고, 먹이도 주는 그 순간만큼은 나는 눈을 깜빡이지 않을 수 있었다.

얼마 전 어머니에게 내가 틱 장애를 겪던 때 기억에 남는 순간이 있냐 물었다. 어머니는 아련하고 쓸쓸한 추억을 회상하듯 당시를 떠올리며 의미를 알 수 없는 옅은 미소를 지은 채 말했다. 내가 미술 치료를 받을 때 그렸던 그림 중, 엄마가 책에 가득 둘러싸여 있고 그 뒤에 내가 가만히 서서 그런 엄마의 모습을 바라보고 있는 장면을 그린 그림이 기억난다고 말했다. 그 그림의 의미가 아마도 너무나 바빠 일에 치여 사는 엄마를 바라보고 있는 나의 모습이 아닐까, 나에게 조금 더 엄마라는 존재가 필요했던 건 아닐까 하는 생각이 들어, 곧바로 어머니는 당시 하던 일도 잠시 그만두었다고 한다. 그리고 더욱 나의 틱 장애를 치료하는 데 힘썼다고.

어머니가 일을 그만두고 나서는 거의 매일 일부러 나와 시간을 보내기 위해 지하철을 타고 서울 곳곳을 여행했다고 한다. 큰 배낭에 책을 가득 담고 집을 나서서, 지하철로 이동하는 내내 나란히 앉아 나에게 책을 읽어주었다. 지하철이 엄마와 나, 우리 둘만의 이동 도서관이었던 것이다.

2

미술 치료의 효과인지 거북이의 효과인지, 어머니의 헌신 때문인지는 모르겠지만 소심하고 위축되어 있던 나는 눈에 띄게 눈 깜빡임의 빈도수가 적어지고 점점 자신감을 회복해 나갔다고 한다.

그 정점을 찍었던 사건이 있다. 역시 나는 기억나지 않지만 엄마에게 나중에 전해 들었다. 추운 날씨가 이어지던 어느 겨울날, 그날도 여느 때와 다름없이 미술 치유 수업이 끝나고 나서 간단하게 밥을 먹고 엄마와 손잡고 집으로 가던 중, 함박눈이 펑펑 내리기 시작했다고 한다. 정말 많은 양의 눈이 내려 삽시간에 눈이 쌓였고, 그 모습을 보던 내가 갑자기 눈이 소복이 쌓인 놀이터 한가운데로 달려가 대(大)자로 누워 목청껏 외쳤다고 한다.

「내가 이 세상의 중심이다!」

소심함이라는 벽돌로 성벽을 쌓아 올리고 그 안에서 상처받으며 힘들어하던 아들이 〈자신이 세상의 중심〉이라며 자신감에 찬 목소리로 외치던 그 모습을 바라보던 어머니의 마음은 어땠을까. 그 마음을 정확히 헤아릴 수는 없을 것 같다. 어머니는 함박웃음을 짓고 있었을까?

그래서 물었다.「내가 그렇게 외쳤을 때 어땠어?」어머니는 당시를 회고하며 덤덤하게 답한다. 〈펑펑 울었지. 얼마나 울었는지. 감격의 눈물인지 뭐인지는 몰라도 아무튼 많이 울었어〉라고 말하는 그녀의 눈시울이 다시금 붉어진다. 그러면서 덧붙이는 말,

「지금 너의 모습을 보면 정말 기적 그 자체야 민

혁아. 너가 이렇게 자신감 넘치고, 멋지게 살아가는 모습을 보니 대견하다 우리 아들.」

어머니와 함께한 모든 시간 속에서 나는 〈사랑〉이란 게 무엇인지 배웠다.

얼마 전, 어머니가 내가 틱을 겪었던 때를 돌아보며 써 두었던 글을 발견했다.

3

민혁이의 미술 치료의 첫 날, 선생님은 아이가 그린 그림에 대해 해석해주며 이런 얘기를 해주셨다. 아이가 유난히 머리가 좋아 영민한데다 아주 예민하기까지 하다고. 그래서 다른 아이들보다 스트레스를 더 쉽고 깊게 받는 거라고. 이런 유형의 아이들 안에는 우울감이 내재되어 있을 수 있다고.
그 많은 말 중에 하필 〈우울〉이라는 단어가 콕 박혔다. 날 닮아서 아이가 더 예민하고 스트레스를 취약한가? 나의 아이가 정말 우울하면 어떡하지? 다 내 탓일지도. 어찌 보면 어린 민혁이에겐 최초의 슬럼프라고 명명할 수 있을 것도 같은 이 슬픈 서사에 엉겁결에 나를 돌아보는 시간이 포개졌다.
단 한 번도 감정에 휘둘리고자 원했던 적 없었다. 명랑하고자 했으나 절대 그 상태에 도달할 수 없었던 나란 사람. 나는 늘 차분했고 조용했지만 내 마음속은 그 누구보다도 소란스러웠다. 검은 심연의 한 귀퉁이에서 내 삶은 막연했고 그래서 두려웠다.

난 그렇게 내 안의 태생적 불안과 싸워야 했고, 그 과정에서 내가 가장 많이 느꼈던 감정은 슬픔이었다. 슬픔은 그러고 보니 수많은 감정들 가운데 어쩌면 나약함과 무기력함의 상징처럼 보일 수도 있겠다. 이 지점에서 새삼 〈멜랑콜리melancholy〉라는 단어를 떠올려본다. 서양에서 의학의 아버지로 불리는 히포크라테스는 〈멜랑콜리〉를 〈오래 지속되는 두려움과 슬픔으로 인해 무기력해지는 증상〉이라고 진단한 바 있다. 그가 정리한 〈4체액설(지금은 한물갔지만)〉은 그리스인들이 인간 신체에 대해 이해하는 근간이 되었단다. 4가지 체액이 혈액, 점액, 황담즙, 흑담즙인데, 이 중에서 흑담즙이 바로 멜랑콜리다. 〈흑(黑)〉, 즉 〈검은〉에 해당하는 그리스어가 〈멜라니아melanie〉이고, 〈담즙〉이 〈콜리chole〉다. 흥미롭게도 흑담즙 자체도 멜랑콜리지만, 이 검은 담즙의 과다로 얻게 되는 병적 징후 또한 멜랑콜리다.

고대에 이 멜랑콜리는 아리스토텔레스에 의해 〈천재들이 걸리는 병〉으로 인식되었다. 하지만 그것이 중세에는 〈신의 저주〉로 간주되었다가 르네상스 시대에 이르러 〈심미적 영감〉으로 격상되기도 했다. 그리고 19세기에는 다시 우울증의 한 유형으로 분류되었다. 멜랑콜리에 대한 다양한 표현 중에서 내가 가장 좋아하는 건 〈멜랑콜리에서 매력을 뺀 게 우울증〉이라고 했던 수전 손택의 해석이다. 누가 예술평론가 아니랄까 봐 그녀는 우울증을 정의하면서 이리도 근사하게 멜랑콜리를 언급했다.
이쯤 되면 내가 슬럼프를 멜랑콜리와 연결시키려는 의도를 알아챘으려나? 그렇다. 난 슬럼프가 우리 삶에서 그리 나쁜 것만은 아니라는 말을 하고 싶은 거다. 슬럼프에 빠져 우울한 정서가 깔리면 분명 많이 슬프고 아프겠지만, 그 신산(辛酸)한 여정 끝에는 카타르시스cathasis라는 〈자기 정화〉의 기제가 기다리고 있다는 역설에 기대고 싶은 거다. 그때 민혁이에게 그 슬럼프 시기가 없었다면 지금의 자신감 넘치고 씩씩한 민혁이도 없었을 테니.
아리스토텔레스에 따르면, 비극의 위대함은 바로 카타르시스에 있다. 카타르시스에 확실히 치유의 기능이 있다는 것은 정신분석학자 프로이트도 인정한 바가 아니던가. 나는 그것이 슬픔의 효용이라고 믿는다. 우리 인생에서 꼭 만나게 되는 이 〈덜컹〉과 〈걸림〉이 그 역기능에도 불구하고 많은 순기능도 있음을 믿는 것과 같은 이유이다. 그래서 난 슬럼프를 극복해야할 대상이 아닌 우리 생이 건강하게 지속가능하기 위한 필요조건으로 바라보기로 했다.
슬픔이 장기화되면 우울증도 되고 더 심각한 병리적 현상으로 발전할 수도 있겠지. 하지만 감정은 마법과도 같다. 이성으로는 절대 설명할 수도, 이해할 수도 없는 일군의 현상들인 이 감정이란 게 어느 순간 누군가를 성장시키는 힘이 있다는 걸 기억하자. 이성의 힘이 아무리 강력하다 해도 그것을 통해서만은 이 세상의 전부를 이해할 수는 없다는 것도.

프랑스의 철학자 사르트르가 말했듯이 감정은 때때로 이성으로는 열리지 않는 세상의 또 다른 문을 열어주는 마법 같은 힘을 발휘한다. 그것을 통해 우리는 전혀 다른 대상 혹은 전혀 다른 세상을 마주하게 된다. 우리 안의 감정을 잘 데리고 사는 법을 배워야 하는 이유가 여기에 있다.

어린 민혁이의 세계 속으로 훅 들어온 두려움과 무력감은 강력했다. 스스로 감당할 수 없는 크기로 찾아온 스트레스를 받아 안으며 느꼈을 불안과 슬픔은 민혁이를 더 강하게 만들었다. 민혁이는 어린 나이에도 불구하고 엄마의 손을 잡고 그 먼 길을 오가는 와중에 자기 감정의 주인이 되는 법을 확실히 배우고 있었던 거다.

민혁이는 수줍어서 사람들 앞에 나서지도 못하고 주목받는 게 너무 싫었던 자신감 없는 아이였다. 혼날까 봐 전전긍긍하며 뭐든 잘하려고 최선을 다하던 아이였다. 대수롭지 않게 넘겨도 될 법한 흔한 꾸지람도 이 아이에게는 마음 속 깊이 생채기를 냈다. 그토록 스트레스에 취약하던 아이가 자신에게 조금씩 너그러워지기 시작했고 스스로를 인정하기 시작하더라.

오금동에 다녀오던 어느 날 저녁, 민혁이는 온 세상이 새하얗게 눈으로 덮인 놀이터 정중앙에 큰대자로

드러누웠더랬다. 그리고 큰 소리로 외치는 거다.
〈내가 세상의 중심이다!〉라고.
지금의 민혁이는 어쩌면 그 순간 다시 태어났고
그때부터 세상을 향해 뚜벅뚜벅 걷기 시작했는지도
모르겠다. 그 장면을 난 평생 잊지 못하리라.
눈부시도록 찬란한 햇살을 온몸으로 느끼며 벤치에
앉아 조용히 사색에 잠겨 보낸 순간들이 누군가의
인생에서는 가장 유익하고 의미 있는 시간의 한 점으로
기억될 수 있다. 은은한 물빛으로 빛나고 있는 바닷가를
저 멀리 내려다보며, 또 나무그늘이 우거진 사이로
드러난 파란 하늘을 올려다보며 보낸 매 순간들도
누군가에게는 평생 잊을 수 없는 시간의 점이 될 수
있다. 그만큼 그 찰나의 장면 장면들은 또렷하게
기억해야 할 가치가 있다는 것을 다시 한 번 실감하는
지금 이 시간이 감사할 뿐이다.

60살 많은 나의 베스트 프렌드
뽀글머리와 인디고 하늘

나는 어린 시절부터 할머니와 한 지붕 아래에서 살았다. 내 기억의 시작점부터 언제나 그랬다. 그리고 내게는 세 살 터울의 남동생 A가 있었다. 그렇다. 이 둘이 나의 베스트 프렌드였다.

가족끼리 자주 여행을 다닌 덕분이었을까. 나는 동생과 자연스럽게 잘 어울리며 자랐다. 초등학교 시절을 떠올릴 때면 어딘가 아릿한 감정이 먼저 올라온다. 너무나도 안온하고 따뜻한 기억이라 그럴 것이다. 다시는 돌아오지 않을, 돌아올 수 없다는 걸 알기에 더욱 그러하다.

학교가 끝나면 해는 아직 높이 떠 있었다. 나에게 주어진 놀 시간이 많이 남아 있다는 뜻이었다. 신발주머니를 빙빙 돌리며 석관동 두산아파트 후문으로 들어서면 124동이 보였다. 지금도 눈을 감으면 그 시절의 동네를 세세히 그릴 수 있을 만큼 생생하다.

우리 집 입구 옆에는 여름철이면 사람들이 시원한 바람을 쐬며 쉬어가는 나무 정자가 있었다. 동네 할머니들의 간이 경로당이 되었다가, 사춘기 학생들의 일탈의 공간이 되었다가, 양손 가득 장을 본 사람들이 잠시 쉬어가는 자리도 되었다. 그곳에는 늘 할머니가 있었다.

〈할머니〉라는 단어를 떠올리면, 가장 먼저 떠오르는 장면은 언제나 그 정자에 앉아 있는 할머니의 모습이다. 동네 미용실에서 있는 힘껏 말아 올려 그 누구보다 뽀글거리는 새카만 머리, 경동시장에서 헐값에 구매한 일바지를 입은 채 하염없이 나와 동생, 엄마, 그리고 당신의 큰아들을 기다리던 할머니의 모습. 하굣길에 그 모습이 보이면 나는 늘 소리쳤다.

「할머니, A 집에 왔어?」

그러면 경상도 억양이 짙은 힘찬 목소리가 돌아왔다.

「그래! 한참 전에 왔다! 퍼뜩 올라가 봐라!」

익숙한 엘리베이터 앞에 서서 기다리면, 양 옆에 마주 보고 위치한 거울 속엔 무한히 이어진 복도와 무한한 수의 내가 있었다. 그 앞에서 괜히 팔을 벌리고 뛰어보았다. 혹시나 박자를 놓친 〈나〉가 있나 확인이라도 하듯이. 그러다 보면 엘리베이터 도착음이 울렸다.

집에 들어가면 동생이 나를 기다리고 있었다. 손에는 손때 묻은 나무 배트와 잘 길든 가죽 글러브

두 개가 들려 있었다.

「왜 이제 왔어!」

「나도 끝나고 바로 온 거야. 어서 나가자.」

신발을 벗을 새도 없이 가방을 신발장 너머로 던지고 밖으로 나섰다. 목적지는 언제나 같은 곳이었다. 아파트 단지 내의 한 공터였다. 야구를 하기 위한, 우리만의 경기장. 정자를 지나 달려가면 할머니가 정자에서 서두를 것 없다는 느린 몸동작으로 볕 드는 벤치에 자리를 잡아 앉았다. 그러고선 아무 말 없이 우리를 바라보았다.

그저 바라보고 있는 것만으로, 존재만으로 기쁨이 되는 사람. 할머니에게 우리는 그런 존재였던 것 같다. 그땐 몰랐다. 왜 몰랐을까. 알았다면 조금 더 따뜻하게 대했을 텐데.

그 공터는 매일 다른 구장이 되었다. 사직구장이었다가, 한밭구장이었다가, 잠실구장이 되었다. 옆 주차장의 주황색 〈주차금지〉 안내판은 우리의 포수가 되었다. 야구는 여러 사람이 필요한 스포츠이지만 우리는 우리 둘로도 충분했다. 해가 지평선 너머로 넘어가 하늘빛이 비잔티움과 인디고로 번질 무렵, 할머니의 목소리가 들려왔다.

「늦었다. 이제 그만 들어가자.」

그 말이 하루의 종료를 알리는 알람이었다. 현관문을 열고 들어간 집 안은 어두웠고, 불을 켜기 전까진 손으로 더듬어 스위치를 찾아야 했다. 부모님의 퇴근은 언제나 늦었기에 하루 대부분을 할머니와 동생과 함께 보냈다.

「밥이랑 김치, 김에 싸서 먹을래!」

이게 우리의 저녁 메뉴였다. 갓 지은 흰쌀밥, 짭조름한 조미 김, 손맛 좋은 이모의 김장김치. 거기에 할머니의 꽃게 된장국(〈끼된장국〉이라 불렀다)이 더해지면 완벽했다. 할머니의 경상도 사투리를 흉내 내며 웃음 짓던 그 시절, 별것 아닌 일에도 그렇게 웃을 수 있었다. 그건 행복의 다른 이름이었다.

밤이 되면 우리는 셋이 한방에서 잤다. 침대 위엔 할머니, 그 옆 바닥엔 동생과 내가 있었다. 집에 남는 방이 있었지만 굳이 그럴 필요가 없었다. 할머니 옆에서 자는 게 좋았다.

불을 끄면 동생과 나는 이구동성 어김없이 할머니에게 말했다.

「6·25 때 이야기 해줘.」

그러면 할머니의 이야기보따리가 열렸다. 전쟁, 피난, 미군, 할머니의 부모님 이야기. 할머니는 이야기 속에서 당신의 부모가 등장할 때마다 잠시 침묵에 잠겼다. 그때 우리는 그 침묵의 의미를 몰랐다. 단지, 할머니에게도 엄마와 아빠가 있었다는 사실이 낯설다는 느낌이 들었을 뿐이다. 할머니는 늘 그렇게 주름 많은 얼굴로 존재해 왔기에, 주름 없는 시절의 할머니를 상상하지 못했다.

요즘도 가끔 할머니의 〈끼된장국〉이 생각난다.

그 맛을 다시 볼 수 있을까. 아니, 할머니가 나를 알아볼 수 있을까.

인지 저하증을 앓으며 요양원에 계신 할머니. 고모가 보내준 영상 속에서, 언제나 해오던 염색을 잊었는지 은빛의 머리칼과 어릴 때 본 적 없는 낯선 표정의 오춘자 여사가 트로트를 부르고 있었다.

검은 뽀글머리 대신 은빛 생머리, 세상의 슬픔을 모두 잊은 듯한 그 웃음을 보며 나는 오열했다. 내가 아는, 내 기억 속의 할머니가 너무 그리웠다. 그 시절로 단 한 번만이라도 돌아가고 싶었다. 그럴 수 없다는 걸 알기에 더 울었다.

올해 초, 할머니를 만나러 요양원에 갔다. 가족들을 잘 알아보지 못한다는 말을 듣고 큰 기대를 하고 가진 않았다. 접수처에서 할머니 이름을 말하고, 외출증을 작성했다. 적막 속에서 10분 정도 기다렸을까, 엘리베이터 도착음과 함께 익숙한 목소리가 들려왔다. 새하얀 머리칼은 어색하지만 한눈에 알아보았다. 내 할머니다. 눈물이 왈칵 쏟아질 것 같았지만 애써 참았다. 꾹 눌러 담은 감정을 뒤로 한 채 할머니를 불러 보았다.

「할머니, 나 누군지 알아?」

할머니가 내 얼굴을 빤히 쳐다보더니 호탕하게 웃으며 말한다.

「모르겠는데예. 미안해서 우얄꼬.」

태연하게 답했다.

「괜찮아. 나 할머니 손자, 민혁이야. 내가 너무 늦게 와서 미안해. 같이 나가자. 맛있는 거 먹으러.」

　식당으로 향하는 동안 괜히 창밖으로 얼굴을 돌리고 침묵의 눈물을 흘렸다. 누군지 기억나지 않는 사람이 눈물 흘리는 모습은 꽤나 이상할 거니까. 식당에 도착해 어릴 때처럼 할머니, 동생 그리고 나는 둥글게 앉아 밥을 먹었다. 어린 나와 동생에게 언제나 밥 남기지 말고 먹으라고 소리치던 할머니가 밥을 조금 남겼다. 나와 동생은 할머니에게 밥 남기지 말고 다 드시라고 나직하게 말했다.

3살 어린 나의 베스트 프렌드

1. 눈물 닦던 날의 기억

형제는 싸우며 큰다고들 한다. 말이나 힘, 혹은 사소한 물건을 무기로 삼아 서로 이기려 다투는 그 〈싸움〉 말이다. 친구들에게서 들려오는 이야기만 들어도 알 수 있다.

「형이 리모컨으로 정수리를 쳤대.」

「동생을 대걸레 자루로 팼대.」

「주먹다짐을 하다 둘 다 코피가 났대.」

다들 그렇게 치열하게 싸우며 자란다는데, 우리는 달랐다. 나와 세 살 어린 베스트 프렌드는 싸우지 않았다. 이건 내 기억만이 아니라 동생의 기억에도 동일하게 새겨져 있다. 얼마 전 동생에게 물었다.

「우리가 어렸을 때 싸운 적이 없다고 착각하는 걸까, 아니면 진짜 안 싸운 걸까?」

「진짜 안 싸웠지.」

「아, 그래. 바닥에 눈물 닦았던 날만 빼고.」

그날이 어떤 날이었는지 또렷하다. 할머니가 인천 작은아버지 댁에 하룻밤 머물고 온다던 날, 동생과 나는 부모님의 귀가를 기다리며 둘이서 남아 집을 지키고 있었다. 많은 다툼이 으레 그렇듯, 무슨 이유였는지는 기억나지 않지만 결국 말다툼이 시작되었다. 우리는 주먹 대신 말로 싸웠고, 언제나 그랬듯 내가 이겼다. 초등학생에게 세 살의 차이는 논리의 격차를 만든다. 그 시절의 일은 성인이 된 뒤 함께 술잔을 기울이며 동생에게서 다시 들었다.

「형이 말로 이기는 게 그렇게 분하더라.」

나는 웃으며 〈그랬겠네〉라고 답했다.

그날, 어김없이 패배한 동생은 울음을 삼키며 눈을 부릅뜨고 나를 노려보다 화장실로 들어가 문을 잠갔다. 격렬한 전투 후 심장은 두근거렸지만, 나는 아무렇지 않은 척 책상에 앉아 책을 펼쳤다. 그때 전화벨이 울렸다. 어머니였다.

「지금 역 앞이야. 떡볶이 먹고 싶니?」

「네, 먹고 싶어요.」

전화를 끊고 나서야 문득 걱정이 밀려왔다. 어머니가 우리가 싸운 걸 알게 될지도 모른다는 불길한 예감. 그건 동생도 같았던 것 같다. 나는 화장실 문을 두드렸다.

「A야, 엄마 오신대. 우리 싸운 거 들키면 혼날지도 몰라. 화해하자. 미안해.」

화장실 문의 잠금쇠가 철컥 풀렸다. 동생은 조용히 고개를 숙이며 말했다.

「나도 미안해.」

그렇게 우리는 서로를 안았다. 화해란 어쩌면 그렇게 단순한 일일지도 모른다. 누군가 먼저 손을 내밀고, 다른 누군가가 그 손을 거절하지 않는 것. 그런데 갑자기 떠올랐다.

「아, 거실에 네 눈물 자국!」

동생은 급히 화장실로 달려가 휴지를 몇 장 뜯어왔다. 그리고 둘이 나란히 무릎을 꿇은 자세로 엎드려 마룻바닥의 눈물 자국을 박박 닦았다. 남들이 보면 보이지도 않을 그 작은 흔적을. 열심히 닦다가 별안간 동시에 웃음이 터졌다. 정말, 우리가 생각해도 어이가 없을 정도였다. 그때 도어락 번호 패드가 눌리는 소리가 들렸다.

띠띠띠띠띠 — 긴박한 리듬은 동생.

띠-띠-띠-띠-띠 — 일정한 박자는 엄마.

띠띠-띠-띠띠 — 뒤죽박죽의 박자는 아빠.

띠-띠-띠-띠-띠-삐삐삐 — 여러 번 실패 후 힘겹게 성공하면 할머니.

그때의 박자는 엄마의 박자였다. 세련된 앤트러사이트 톤 정장 차림의 엄마가 한 손에는 서류 가방을, 다른 손에는 떡볶이가 든 검은 비닐봉지를 들고 들어왔다. 바닥에 주저앉아 깔깔대며 웃고 있는 우리를 보고 묻는다.

「뭐가 그렇게 웃겨?」

그 질문에 우리는 더 크게 웃었다.

2. 형제는 싸우지 않았다

시간이 흘러, 나는 성인이 되었고 우리 가족 모두 독일에 머물던 시기가 있었다. 그곳에서도 동생과 나는 서로에게 가장 큰 의지가 되는 존재였다. 특히 낯선 땅에서 친구 하나 없는 시절엔 더욱 그랬다. 동생은 축구 유학을 위해 독일로 왔고, 나는 함께 훈련을 나섰다. 새벽 알람이 울리면 함께 일어나 세수도 하지 않은 채 축구공과 훈련 도구를 챙겨 들고 집을 나섰다.

30분 정도 걷다 보면 동이 트고, 어둑한 길이 점차 밝아졌다. 곧이어 잔디가 촘촘히 깔린 축구장이 눈앞에 펼쳐졌다. 비가 오나 눈이 오나, 우리는 매일 그곳에서 땀을 흘렸다. 훈련이 끝나면 마트에 들러 장을 보고, 내가 간단히 요리를 했다. 부모님은 새로운 사업 준비로 늘 바빴기에 하루 대부분을 우리 둘이 보냈다. 그 시간 속에서도 싸움은 없었다. 대신 웃음이 있었다. 그렇게 우리는 서로의 세계를 단단히 지탱하며 자랐다.

몇 해 전, 나는 모종의 이유로 심리 상담을 받은 적이 있다. 상담 도중 어린 시절을 돌아보며 이야기를 하던 중, 이상하게도 동생 이야기를 하며 눈물이 터졌다. 생각해 보면, 나는 늘 그에게 애틋했다. 운동부 합숙으로 어린 시절부터 집을 떠나 있던 아이. 남들보다 늦게 시작한 운동에 조급함을 느꼈을 아이. 중학교 2학년의 나이에 낯선 독일에서의 시간을 혼자 견뎠을 아이. 자신보다 남을 먼저 배려하고, 속으로 삼키며 버텼을 아이.

그런 동생을 나는 믿는다. 지금도 여전히 자신의 삶의 방향을 찾아 앞으로 나아가기 위해 방황하고 있을지라도, 나는 안다. 그가 결국은 자신만의 멋진 길을 걸을 거라는 걸.

나의 첫 고양이 하루 그리고 하비 (상)

 나에게는 친동생과도 같은 고양이가 있다. 그 아이의 이름은 〈하비〉. 불어로 〈기쁨〉을 뜻하는 〈ravi〉에서 온 이름이다. 2015년 5월에 태어난 하비는 노르웨이숲 고양이이다. 그러니까 올해 5월에 벌써 만 열 살이 된 노묘이다. 고등학교 3학년 무렵, 한 가정집으로부터 입양을 받았다. 짙은 회색의 털과 두툼한 뱃살 그리고 핑크빛 발바닥 젤리를 자랑하는 하비에 대해 이야기하기 전에 반드시 먼저 만나야 할 아이가 있다. 내 인생의 첫 고양이였던 〈하루〉다.
 하루는 내가 열여덟 살 그러니까 고등학교 2학년일 때 나에게 왔다. 정말 갑작스런 만남이었다. 2014년 5월 8일 목요일 하굣길이었다. 점점 공기가 더워지고 있었던 시기, 우리나라 여름 특유의 후텁지근함이 고조되던 시기, 교복 안에 입은 반팔 티셔츠가 땀으로 젖어가는 불쾌감을 느끼며 집으로 발걸음을 재촉하고 있던 때 나의 휴대폰 화면에 〈아빠〉 두 글자가 떠오르며 진동한다. 전화를 받으니 아빠가 대뜸 폭탄선언을 한다.

「민혁아, 아빠 고양이 데리고 지금 집에 가는 길이야. 1시간쯤 후에 전화하면 아파트 1층으로 내려와.」

어안이 벙벙했다. 이렇게 뜬금없이? 한마디의 언질도 없었던 것으로 기억한다. 그렇지만 그게 중요한 것은 아니었다. 서서히 느껴지던 한국의 더위가 선사하는 불쾌감도 잊은 채 뜀박질을 하며 귀가를 서둘렀다. 집에 들어와 두근거리는 마음을 진정시키며 아빠의 전화만 기다렸다. 얼마 지나지 않아 전화벨이 울렸고, 새로운 식구, 새 생명을 마주하러 현관문을 나섰다.

처음 마주한 고양이라는 생명체. 실제로 눈앞에서 마주하고 있자니 〈정말 작다〉라는 생각이 별안간 들었다. 세상에 태어난 지 이제 막 2개월이 지난 말 그대로 아깽이였다. 내 주먹보다도 작은 녀석을 보고 있자니 덜컥 겁도 났다. 내가 이 아이가 행복한 묘생(猫生)을 살도록 해줄 수 있을까? 한 생명을 책임진다는 게 어떤 의미인지도 잘 모르던 나의 얼굴에 잠시 그림자가 드리웠다.

그러나 그 그림자는 내 안면에서 그리 오래 머물지 못했다. 그도 그럴 것이, 이 조그마한 생명은 너무나도 사랑스러웠다. 이 지구에 도착한 지 얼마나 되었다고 변의가 느껴지면 알아서 모래가 쌓인 화장실로 슬그머니 들어가 볼일을 보고, 철두철미하게 앞발을 사용해 자신의 흔적을 애써 모래로 가려본다. 그리고 배가 고프거나 목이 마르면 사료와 물이 놓인 그릇 앞으로 가서 찹찹 소리를 내며 먹는다. 아무것도 하지 않아도, 스스로 생을 이어 나가기 위한 응당히 해야 하는 일련의 행동을 바라보기만 해도 각종 이유로 탁해진 나의 정신이 정화되는 기분을 느꼈다.

이 아이의 이름은 〈하루〉로 지었다. 이 아이의 품종이 노르웨이숲이었고, 마침 내가 가장 좋아하는 소설도 『노르웨이의 숲』이다. 그 책의 작가 〈무라카미 하루키〉의 이름에서 영감을 받아 어머니가 지어 주었다. 누군가의 이름을 짓는 행위는 그 대상을 사랑하기로 마음을 먹었다는 뜻이기도 하다. 그리고 그 존재를 책임지겠다는 뜻이기도 하고. 그렇게 나의 첫 고양이, 하루와의 삶이 시작됐다.

하루와 함께하는 동안 이 아이는 나의 모든 것이었다. 나의 모든 일과는 하루에게 맞춰졌다. 하루와 함께 잠들고, 하루와 함께 일어나고, 하루와 함께 밥을 먹고, 하루를 보기 위해 집으로 향하는 발걸음을 서둘렀다. 사람의 언어를 할 수 없는 동물일지라도 언어 너머의 사랑을 느낄 수 있었다. 하루도 나의 마음을 잘 알아주는 듯싶었고, 항상 나의 곁을 지켜 주었다. 그 생명이 주는 온기가 참 좋았다. 하루의 존재만으로 나의 삶은 한층 더 행복해졌었다. 그러나 그 온기는 오래 가지 않았다.

　노르웨이숲 고양이 특유의 큰 덩치와 멋진 태비 무늬를, 나를 위로해주던 깊은 갈색 눈동자를 자랑하던 하루는 나에게 온 지 1년하고 3개월가량 지났을 때, 처음 나에게 왔던 날처럼 한창 더위가 기승을 부리던 때, 달력의 〈오늘의 날짜〉가 8월 14일을 가리킬 때, 죽었다. 사인은 심장마비였다. 동물병원에서 정기검진을 받을 때에도 아무런 문제가 없었던 아이였는데, 돌연 죽었다.

　갑자기 숨을 쉬지 않는 하루를 병원으로 데려가기 위해 안았는데, 안을 수가 없었다. 힘이 전혀 남아 있지 않은 육신은 쉬이 안을 수도 없었다. 내 팔에 기대지 않고 그대로 힘없이 바닥으로 흘러내리듯 떨어지는 하루의 몸을 슬픔으로 울부짖으며 애써 다시 안았다. 누군가에게 안기는 일도 힘이 필요하다는 것을 처음 알게 되었다. 그리 알고 싶지 않았지만. 수의사는 다급하게 뛰어 들어온 나의 품에 있는 하루를 보자마자 가망이 없다는 말부터 꺼냈다. 그래도 무슨 조치라도 해달라며 소리쳤다. 하루를 데리고 수술방으로 들어간 수의사는 얼마 지나지 않아 홀로 걸어 나왔다. 아이는 이미 죽었다는 말과 함께.

　온 가족은, 아버지와 어머니, 동생 그리고 나 네 식구는 모두 그 자리에 주저앉아 목 놓아 울었다. 더 이상 우리의 목소리를 들을 수 없게 된 하루를 향해

〈하루야, 하루야〉만 연신 부르짖었다. 〈하루야〉 하고 부르면 캣 타워 위에서 자다가도 내려와서 나에게 다가오던 하루는 나의 부르짖음에도 못 들은 척 차디찬 수술대 위에 누워있었다.

「하루야, 너의 이름을 불렀잖아. 어서 나에게 와야지, 거기 누워서 뭐해. 네가 좋아하는 간식도 잔뜩 주문했단 말이야. 왜 누워만 있어.」

그날 이후, 집으로 돌아가는 것이 무서워졌다. 집에 도착한 엘리베이터의 도착음만 들려도, 나의 발걸음 소리만 들려도 현관문 바로 앞에 앉아 나를 기다리던 하루가 없는 집은 도저히 들어가기가 힘들었다. 도어락 비밀번호를 누르고 집에 들어서는 순간마다 눈물이 났다. 하루가 나를 향해 한걸음씩 걸어올 때마다 나무 마룻바닥이 아주 조용하게 삐걱거리던 소리가 더 이상 들리지 않았다. 대부분의 사람은 너무 작아서 이 소리가 들리지 않겠지만 나에게만 맞춰진 주파수인 듯 나는 확실히 들을 수 있었던, 나에게만 공명되는 소리. 하루가 보고 싶었다.

하루를 떠나보내고 어느 하루는 인디 팝 밴드 〈가을방학〉의 〈언젠가 너로 인해〉라는 노래를 듣게 되었다. 가만히 그 노래의 가사를 듣고 있자니 왈칵 눈물이 쏟아졌다. 애써 참으려 해도 저항할 수 없을 만큼 뺨을 타고 흘러내렸다.

아주 조그만 눈도 못 뜨는 널 처음 데려오던 날

어쩜 그리도 사랑스러운지 놀랍기만 하다가

먹고 자고 아프기도 하는 널 보며

난 이런 생각을 했어

지금 이 순간 나는 알아 왠지는 몰라 그냥 알아

언젠가 너로 인해 많이 울게 될 거라는 걸 알아

궁금한 듯 나를 바라보는 널 보며

난 그런 생각을 했어

…너의 시간은 내 시간보다 빠르게 흘러가지만

약속해 어느 날 너 눈 감을 때 네 곁에 있을게 지금처럼

그래 난 너로 인해 많이 울게 될 거라는 걸 알아

하지만 그것보다 많이 행복할 거라는 걸 알아

궁금한 듯 나를 보는 널 꼭 안으며 난 그런 생각을 했어

아직도 나는 이 노래를 들을 수 없다. 들을 때마다 하루 생각이 나서 듣지 못한다. 하루를 떠나보낸 후 멈췄던 나의 시간은 어느 책의 한 구절을 읽고 나서 조금씩 흐르기 시작했다. 〈스노우캣〉이란 필명의 작가가 쓴 『옹동스 1』. 거기에 나와 같이 고양이를 먼저 떠나보낸 이의 글귀가 나를 위로했다.

사람이 죽으면 먼저 가 있던 반려동물이 마중 나온다는 얘기가 있다.
나는 이 이야기를 무척 좋아한다.
그때 되면 우리는 서로의 생각을 다 알 수 있을 것 같다.
그때 나옹에게 물어볼 것이다.

「넌 나를 어떻게 생각했어?」

그때 되면 다 알 수 있을 것 같다.

    하루를 보낸 지 벌써 10년이 넘었다. 이제는 하루를 살아가며 하루가 생각나는 날은 많지 않다. 시간이 지남에 따라 누군가와 함께했던 기억의 색채는 그만큼 엷어진다. 그 누군가가 나의 삶에 얼마나 큰 의미였는지는 무관하게 흐릿해진다는 게 조금은 서글프게 느껴진다. 그러다가도 하루의 기일이 다가오면 여전히 하루는 내 안에 존재함이 느껴진다. 가슴에 품고 사는 존재 하나쯤 다들 있지 않을까. 아무 말 없이 꼭 안아주고 싶은 존재가.

    하루를 다시 만나게 된다면 한동안 안아주고 싶다. 〈혼자서 외로웠지〉 하며. 〈많이 기다렸지〉 하며. 많이, 그것도 아주 많이 보고 싶었다고. 이제는 같이 있자고.

나의 첫 고양이 하루 그리고 하비 (하)
깔때기 없는 오후

하루가 남겨 놓은 빈자리는 쉽게 메워지지 않았다. 너무나 힘들어하는 나를 보며 아버지는 새로운 아이를 데려오자고 했다. 아는 분이 노르웨이숲 고양이를 키우는데, 새끼를 낳았다는 걸 들은 아버지는 한 마리 데려오자 했다. 하루가 무지개다리를 건넌 지 2달이 채 되지 않았을 무렵, 나는 방 한구석에서 잠을 자고 있는 조그마한 잿빛 아깽이를 품에 안았다. 그리고 이 아이가 아까 말한 하비라는 이름의 주인이다. 처음 하비를 데려온 날, 내 앞에서 새근새근 잠을 자는 하비를 쓰다듬으며 한참을 울었던 기억이 난다. 하비를 보고 있자니 하루 생각이 나서, 하루가 보고 싶어서. 또 하루를 생각하며 우는 내 앞에서 잠을 자고 있는 하비에게 미안해서, 울었다. 그렇게 눈물을 실컷 흘리고 난 후부터 내 안에 깊게 새겨진 상처가 조금씩 아물기 시작했다. 그나저나 이렇게 나에게 온 하비에게도 중대하고도 서글픈 사연이 있었으니.

하비는 오버 그루밍 고양이이다. 오버 그루밍이 무엇이냐면 말 그대로 〈과〉하게 〈그루밍〉하는 것을 의미한다. 그렇다면 그루밍의 의미를 알아보자. 〈고양이가 자신의 몸에 묻은 이물질을 제거하기 위해 혀에 침을 묻혀 온몸을 핥거나 이빨, 발톱으로 털을 다듬는 행동〉이다. 고양이가 자신의 털을 고르는 장면은 아마 다들 본 적이 있을 것이다. 하비의 경우는 그 그루밍의 행위가 지나치다는 점이 문제였다. 어느 정도였냐면 털을 지나치게 핥아서 털이 벗겨지기도 하고 털이 벗겨진 그 피부도 계속해서 핥았다. 심지어 이빨로 깨물기까지 했다. 고양이의 혀는 매우 까칠하다. 그렇게 까칠한 혀로 피부를 끊임없이 핥고 뾰족하고 날카로운 이빨로 깨물다 보면 어떻게 되느냐? 〈출혈이 생긴〉다. 출혈이 생긴다고 해서 그루밍을 멈추지 않는다. 결국 복부가 피로 빨갛게 물들어 버릴 때까지 그루밍을 한다. 그런 상태로 집을 돌아다니면 바닥에 핏자국이 군데군데 묻는다. 아주 징하다.

오버 그루밍의 원인은 너무나도 복합적인 요인들이 있어 명확히 규명하기 어렵다고 한다. 음식 알러지, 유전적인 요인, 환경적인 요인, 기질적인 요인 등등. 하비의 이 오버 그루밍이 시작된 계기는 추측컨데 하비를 키우고 나서 1년 정도 지났을 무렵 우리

가족이 독일로 단기 이민을 떠나게 된 것이라 생각한다. 그때 잠시 동안 하비를 고양이를 키우던 친척의 집에 맡긴 적이 있었다. 영역 동물인 고양이는 자기의 영역을 떠나는 것 그리고 낯선 곳에 있는 것을 극도로 싫어한다. 독일로의 이민이 급박하게 진행된 터라 영역이 바뀌는 것에 준비되지 않은 하비에게는 그 사건이 매우 큰 스트레스로 다가왔던 것 같다. 독일에서의 삶에 적응해 나가던 나에게 하비의 배에 상처가 생기기 시작했다는 친척의 연락이 왔었다. 당시 대수롭지 않게 여겼던 그날의 상처는 9년이 지난 지금까지도 어렴풋하게 남아 있다.

하비가 다시 나와 함께 살게 된 후에도 상처는 쉬이 낫지 않았다. 아니 점점 더 심해졌다. 고양이들은 몸에 상처가 나면 그곳을 핥음으로써 치유한다. 고양이의 침이 혈액 세포를 활성화하도록 도와주어 상처를 치유하는 효과를 내는 것이다. 다만 공자가 중용의 미덕을 강조하며 〈지나침은 미치지 못함과 같다.〉 즉, 〈과유불급〉이라고 했던가. 하비는 상처를 치유하기 위해 핥았지만 그 정도가 지나쳐 또다시 덧나게 하는, 어느새 자신도 모르게 반복되는 상처의 펜로즈 계단에 올라 있던 것이다.

상처가 심할 때는 정말 다리와 복부가 고름으로 가득했다. 피와 고름으로 범벅이 된 몸은 차마 바라보기가 힘들 정도였다. 상처가 낫는 속도를 덧나는 속도가 월등히 앞서는 시간이 계속 되었다. 이 상태를 하루라도 빨리 멈추게 하고 싶어 정말 별의별 방법을 다 동원해 보았다. 지난 8년간 이 오버 그루밍을 치료하고자 방문한 동물병원만 해도 수십 곳, 만난 수의사만 수십 명이다 보니 치료비로도 족히 수백만 원은 들었을 것이다. 〈정신적인 요인일 것이다〉해서 심신 안정제, 항우울제와 스테로이드를 한동안 투약하기도 했고, 〈음식 알러지일 것이다〉해서 사료도 수십 개의 종류를 바꿔가며 급여했다. 시중에 나와 있는 온갖 종류의 깔때기(동물이 상처 부위를 핥지 못하도록 목에 채우는 보호 장구)를 사서 입혀 보고(상태가 이렇다 보니 하비는 묘생의 대부분을 〈깔때기〉를 착용하고 살았다), 그것으로 모자라 온몸을 덮는 맞춤옷을 제작해서 입혔지만 이번에는 자신이 입은 옷이 다 해질 때까지 핥아 어느새 자신의 보드라운 살이 빼꼼 드러나도록 했다. 어느 방법으로도 근본적인 치료를 할 수 없었다. 그저 내가 매일 우리 집 화장실 변기 뚜껑을 닫고 그 위에 앉아 내 허벅다리 위에 하비를 앉힌 채 직접 덧나는 상처를 소독하고, 연고를 발라주고, 붕대를 감아주는 방법밖에 없었다. 상처에 설탕을 잔뜩 뿌리면 금세 아문다는 슈가 테라피sugar theraphy 치료법이 있다. 매일 하비의 다리 위 상처로 설탕을 뿌렸다. 그 위로 정성스레 붕대를 감았지만 불가피하게 생기는 붕대와 다리 틈 사이로 매일 설탕이 줄줄 흘렀다. 그래서 하비가 다니는 길마다 따라다니며 떨어진 설탕을 쓸어 담았다. 그렇게 손이 많이 가는 아이였지만, 그럼에도 불구하고 내게는 참으로 사랑스러운 아이였다. 그저 하비의 묘생이 이토록 고달프게 된 것에 대한 미안함이 컸다. 내가 할 수 있는 것이라곤 그저 미안한 만큼 더 사랑해주는 것밖에 없었다.

사실 8년이나 치료해보려 했지만 차도가 없으니 반포기 상태였었다. 허나 〈쥐구멍에도 볕 들 날이 있다〉는 속담이 있듯이 하비에게도 볕 들 날이 왔다. 하비를 키우는 동안 내가 하루 종일 집에 머물 수 있는 상황을 만들기가 쉽지 않았다. 하비가 어릴 때 나는 고등학생 그리고 대학생이었고, 곧바로 학교에서 교사로서 일을 했어야 했으니까 하비와 오랜 시간 함께 있을 수 없었다. 그런데 작년부터는 그럴 수 있는 환경이 마련되었다. 내가 교사를 잠시 그만두고, 군 입대를 앞두고 잠시 동안 작가로서의 삶을 시작했던 것이다. 작가로 산다는 것 중 가장 큰 장점(이라고 생각하는 것) 중 하나는 바로 내가 있는 어느 곳이든 일터가 될 수 있다는 것이다. 어디서든 맥북만 있으면 글을 쓸 수 있다. 아니 맥북이 없더라도 종이와 펜만 있어도, 심지어는 그것마저 없더라도 머릿속에서 글을 쓸 수 있다. 그러니 나는 하비와 하루 종일 함께하게 되었다.

그러자 신기한 일이 일어났다. 고양이가 어떤 동물인가, 〈고양이 액체설〉이라는 말이 있을 정도로 유연한 생명체이다. 깔때기를 아무리 잘 여미서 착용해 놓아도 스스로 벗을 수 있고 깔때기로부터 해방이 되는 순간, 그루밍 시작이다. 그런 하비가 나와 하루 종일 함께하다 보니 깔때기를 벗고도 그루밍을 하지 않는 것이다. 처음에는 믿기 힘들었다. 8년간 온갖 고생을 하며 온갖 방법을 동원해도 그 그루밍을 멈추게 할 수 없었는데, 눈앞에서 깔때기 없이 그루밍을 하지 않는 하비를 보고도 믿기 어려웠다. 그렇지만 정말 그렇게 하비는 서서히 치유가 되었다. 그루밍을 아예 하지 않는 것은 아니지만 상처가 낫는 속도가 덧나는 속도를 추월한 것이다. 그리고 글을 쓰는 지금 역시 평생 자신을 옥죄어 온 깔때기로부터 자유를 찾은 채 나의 옆 안락의자에 누워 곤히 잠을 자고 있다.

나와 함께 있는 시간만으로 치유가 가능했던 것이라 생각하니 괜히 더 미안한 마음이 들었다. 그동안 내가 함께 있는 시간을 만들지 못해 아팠던 것일까 생각이 들었다. 앞으로는 하비가 무지개다리를 건너게 되는 그때까지 최대한 함께 시간을 보내려고 한다.

이렇게 하루와 하비를 오랜 시간 키우며 갖게 된 생각이 있다. 반려동물을 키운다는 것은, 한 생명을 책임진다는 것은 정말 신중히 고민해야 한다는 것. 어렸을 때는 동물을 키우는 게 마냥 좋은 일이라고만 생각했다. 밥만 주고, 화장실만 치워주면 되는 일 정도로 생각했다. 막상 하루와 하비를 키우고 나서 나는 주변에 있는 사람들에게 반려동물을 들이는 일은 정말 쉽지 않은 일이고, 막중한 책임을 가져야 하는 일이라고 말한다. 실제로 내가 하비를 동물병원에 데려갈 때마다 수만 원에서 많게는 수십만 원씩 지출되는 비용과, 매일같이 고름이 터진 상처를 소독하고 치료해주며 받은 스트레스가 컸기 때문이다. 많은 이들이 정신적으로도 그리고 경제적으로도 〈내〉가 먼저 여유가 있는 상태에서 이 소중한 생명들과 함께하기를 바란다. 반려동물은 단지 장난감, 인형이 아니라 하나의 존엄을 가진 〈생명〉이니까.

하비의 생을 관통하는 치유의 과정을 통해 알게 된 사실 하나. 누군가 옆에 있는 것만으로도 위로가 된다는 것. 특별히 무얼 하지 않아도 마음의 안정을 줄 수 있다는 것. 하비에게 그런 존재가 될 수 있음에 감사하다. 이렇듯 우리는 우리가 미처 생각지도 못한 때에 누군가에게 위로와 안정을 줄 수 있는 존재이다. 험한 세상이지만, 이 세상에 하나의 생명을 할당 받아 그 자리를 온전히 보전해 나가며 사는 것이 쉽지만은 않은 세상이지만, 우리 모두 누군가에게 존재만으로 위로가 되길 바란다. 우리 모두 누군가에게 함께 있는 것만으로 안정을 줄 수 있기를 바란다. 우리 모두 함께 있는 것만으로 위로를 받을 수 있는 이와 함께하는 생이 되길 바란다. 모쪼록 하비가 남은 생은 편안하게, 행복하게, 건강하게 내 옆에 함께하기를 바랄 뿐이다.

오토캠핑
숲이 키운 네 식구의 주말

1

나의 가족에 대해 이야기할 때 캠핑을 빼놓을 수 없다. 우리 가족만큼 열심히 여행을 다닌 가족은 많지 않다고 자부할 수 있다. 맞벌이 부부와 초등학생 아들 둘, 네 식구는 주말마다 캠핑을 떠났다. 말 그대로 주말마다 여행을 갔다. 1년이 52주이니, 1년 동안 약 52번, 어림잡아 155박 156일 정도의 캠핑을 한 셈이다.

내가 초등학생이던 무렵부터 우리나라에는 〈오토캠핑〉의 붐이 일기 시작했다. 우리나라의 캠핑 역사를 살펴보면 시기별 유행이 각양각색이다. 지금은 짐을 최소화해 떠나는 〈백패킹〉이 대세지만, 우리가 캠핑에 발을 들이던 2000년대 중반은 이른바 〈초호화 럭셔리 캠핑〉의 시기였다.

어딘가에 관심이 생기면 끝을 보는 아버지는 캠

핑의 매력에 빠졌다. 처음에는 집 창고 구석에서 여러 종류의 곰팡이들과 막역지우였던 쟈칼Jackal의 프러시안 블루 텐트 하나만, 우리의 애마 테라칸 트렁크에 싣고 떠났다. 그렇게 시작된 캠핑의 스케일은 날이 갈수록 커졌다.

얼마 지나지 않아 우리는 캠핑계의 에르메스라 불리는 스노우피크snowpeak 특유의 버건디색 제품들로 둘러싸이게 되었다. 텐트 내부는 성인 5~6명이 자도 충분할 크기의 대형 에어 매트리스를 야전 침대 4개 위에 올려 킹사이즈보다 큰 침대를 만들고도 여전히 널찍했다. 침대 외에 식탁, 화목난로, 아이스 쿨러가 넉넉히 자리했다.

텐트 밖은 더 호화로웠다. 입구를 나서면 우리의 앞마당이 되는 거대한 타프가 펼쳐졌고, 그 아래에는 불멍을 위한 화로, 어른 10명쯤 둘러앉을 대형 테이블이 있었다. 하나하나 나열하기 어려울 만큼, 말 그대로 〈각 잡고〉 캠핑을 즐겼다.

처음에는 우리 네 식구만 다녔다. 그러다 오토 캠핑 동호회를 통해 알게 된 몇몇 가족들과 친분을 쌓고, 매주 함께 떠났다. 그들에겐 나와 또래의 자녀들이 있었고, 우리는 자연스레 가까워졌다. 숲속, 산속, 바닷가, 계곡. 만남의 장소가 자연이었기에 더 빨리 친해졌다. 우리는 주말마다 숲을 가로질러 뛰고, 계곡으로 다이빙하며 헤엄쳤다. 밤이면 화롯가에 둘러앉아 저녁을 먹고 음악을 들었다. 대형 마트의 화려한 장난감은 없었지만 솔방울과 도토리, 길쭉한 나뭇가지와 커다란 잎, 바닷물과 계곡물이 있었다.

그때는 실감하지 못했지만, 매주 자연과 함께 살며 벗과 시간을 쌓아본 경험은 지금 돌아보면 부모님께 참 감사한 일이다. 자연과 함께하는 삶이 어떤 모습인지 배우고, 자연을 사랑하고 아끼는 태도를 무의식 중에 익혔다.

아직도 생생한 때가 있다. 2007년 태안반도 기름 유출. 바다와 해변을 뒤덮은 시커먼 기름, 삶의 터전을 잃은 동물들의 모습이 전국을 슬픔에 잠기게 했다. 그 시기에 우리 가족은 태안으로 캠핑을 떠났다. 그곳엔 같은 마음의 캠퍼들이 모여 있었다. 우리는 방호복과 마스크를 갖추고 해안가로 달려갔다. 초등학교 4학년이던 나는 수건을 들고 큰 바위부터 작은 자갈까지 덕지덕지 붙은 기름을 닦아냈다. 기름과 바닷물이 뒤엉켜 덩어리진 모래를 걷어냈다. 2박 3일 동안 열심히 기름을 닦고 씻다가 집으로 돌아왔다.

내가 한 일이 얼마나 도움이 되었는지 알 수 없다. 아마 아주 미미했을 것이다. 그렇지만 그 일을 계기로, 우리는 환경에 더 관심을 기울여야 한다는 것, 자연을 사랑하고 자연과 함께 살아야 한다는 것을 몸으로 느꼈다. 그때 느낀 걸 지금 나의 두 아이에게 전달해 주고 싶다. 〈환경을 지키자〉라는 말조차도 정치적인 메시지로 여겨지는 사회적 분위기가 안타깝다. 나는 그런 건 크게 관심이 없다. 그저 우리 아이들이 살아갈 공간을 지켜내고 싶을 뿐이다.

2

결혼을 하고 두 아이를 둔 지금도, 어릴 적 품었던 생각은 변하지 않았다. 아이들은 자연에서 자라면 좋다. 꼭 그래야만 하는 것은 아니지만, 그러는 편이 더 좋다고 믿는다. 그래서 내 아이들에게 자연을 선물하고 싶은 마음으로 작년부터 캠핑 장비를 하나둘 마련했다. 나의 어린 시절과 같이 비싸고 좋은 제품을 갖출 여력은 없어 대부분 중고 거래로 구했다. 하지만 언제나 그렇듯 중요한 건 겉으로 보이는 게 아니라 내면 깊은 곳에 숨어있는 본질이다.

〈아빠가 된 나〉의 캠핑은, 〈아들이던 나〉의 캠핑과 분명 달랐다. 예전의 나는 도착하면 아버지를 도와 한두 가지 일을 하고, 나머지 시간은 마음껏 뛰어 놀았다. 그게 역할이자 임무였다. 지금의 나는 도착하자마자 텐트를 칠 적절한 자리를 찾고, 트렁크의 짐을 모두 내려 배치한다. 아이들이 안전한 곳에서 노는지 확인하고, 숨을 고를 틈도 없이 곧바로 식사 시간이 다가온다. 쿨러에서 재료를 꺼내고, 이소가스를 버너에 연결해 불을 붙인다. 요리가 끝나면, 어린 시절의 나처럼 신나게 뛰노는 아이들을 불러 모아 〈어서 와서 밥 먹어라!〉 외친다.

내 입으로 음식이 들어가는지, 코로 들어가는지 모를 속도로 아이들 식사를 챙기고, 설거지를 모아 처리한다. 그리고 또 다음 식사 준비. 아들로서의 캠핑과 아빠로서의 캠핑은 하늘과 땅이 다른 것과 같이 다르다. 그럼에도 그럴 만한 가치가 있다. 아이들이 자연과 친해지길 바란다. 풀과 흙, 물에서 미래와 자유를 발견하길 바란다.

어릴 적, 캠핑장에서는 해가 지면 고개를 들어 하늘을 봤다. 서울의 밤하늘은 밝아서 별이 보이지 않지만, 그곳의 밤하늘은 별로 가득했다. 그때 처음 이런 생각을 했다. 〈보이지 않는다고 빛나지 않는 것이 아니〉라고. 서울의 밤하늘에도 별은 존재한다. 지금 어둠 속에 있을 뿐이다. 사람도 마찬가지다. 당장은 초라해 보이고, 비참하고, 하찮아 보여도, 지금 보이지 않는다고 해서 빛나지 않는 게 아니다. 우리는 모두 빛나는 존재다(과학하는 사람의 입장에서도 엄밀히 말하자면 우리는 모두 〈실제로〉 일종의 전자기파, 즉 빛을 내뿜고 있는 존재이다).

그 밤하늘을 보며 나는 또 하나의 꿈을 꿨다. 우주. 알면 알수록 더 모르게 되는 그 공간에 대해 공부하며, 언젠가 직접 가보고 싶었다. 그래서 남들이 들으면 허무맹랑하다 할 꿈을 품었다.

나는 나만의 우주선을 만들어 우주로 갈 것이다. 다시 지구로 돌아오지 않을 반직선의 여정을 떠나, 내 눈으로 우주를 보고 그곳에서 생의 마지막을 맞고 싶다. 물론 현실성은 거의 없다(그래서 나는 류츠신의 『삼체』를 인생 책 중 하나로 꼽곤 한다). 그래도, 꿈은 가슴을 뛰게 만들면 충분하지 않은가?

나는 아이들이 캠핑에서, 자연에서, 나처럼 가슴 뛰는 꿈을 꾸었으면 한다. 그들의 가슴을 벅차게 할 단 한순간만 건네줄 수 있어도, 그것으로 충분하다.

2

내가 지나온 공간의 지도

나는 장소에 대한 특별한 애정을 품고 있다. 사람도, 물건도 아닌 장소에 애정을 느낀다는 것은 어떤 감정일까. 조금 섬세히 표현하자면, 장소에 결부된 기억을 사랑한다고 해야 할 것이다. 그 기억들을 품고 살아간다.

 석계역에서 조금 걸어가면 만날 수 있는 한 고등학교. 혜민과 나의 첫 만남이 이루어진 학교가 있다. 그 학교 곳곳에 새겨진 추억들. 남산 아래의 한적한 동네, 후암동. 혜민이 가장 오래 일했던 학교가 그곳에 있다. 나에게 후암동은 소중한 추억이 깃든 공간 중 하나다. 신혼 초, 대학생이던 시절 나는 강의가 일찍 끝나는 날이면, 혹은 학교에 가지 않아도 되는 날이면 늘 버스를 타고 후암동으로 향했다. 학교 근처의 작은 카페에 앉아 책을 읽거나 과제를 하거나, 바람에 사락사락 흔들리는 나뭇잎을 그저 멍하니 바라보며 시간을 보냈다. 해가 기울고 그녀의 퇴근 시간이 다가오면 교문 앞으로 나가 기다렸다. 그리고 나를 향해 달려오는 그녀의 손을 잡고 함께 상계동으로 돌아왔다.

공간이 품고 있는 기억들은 내게 늘 버팀목 같은 힘을 준다. 그런 나에게, 공간에 얽힌 기억을 떠올릴 때 가장 먼저 뇌리를 스치는 공간이 두 군데 있다.

하나는 어린 시절의 보금자리, 석관동 두산아파트. 1호선과 6호선이 교차하는 석계역 근처에 있었다. 나의 또렷한 첫 기억이 시작된 곳이자, 유치원에서 고등학교까지의 모든 순간이 담긴 장소다. 아주 어렸을 때부터 살았고, 성인이 되어 가족이 독일로 떠날 때 비로소 그곳을 떠났다. 그래서인지 눈을 감으면 그 동네의 지도는 여전히 머릿속에 선명하다. 중앙슈퍼, 매일 저녁 부모님과 할머니의 심부름으로 들르던 가게. 여름에는 매미 울음이 고막을 때리고 초록빛 햇살이 내리쬘 때, 시원한 스크류바와 빠삐코를 사 먹었다. 겨울에는 목도리와 수면양말을 해도 시린 바람 속에서, 김이 모락모락 오르는 호빵을 먹었다.

지하주차장으로 내려가는 계단참이 있는 구조물은 나에게 작은 산이었다. 힘껏 달려 올라가 그 꼭대기에 앉으면 세상을 다 가진 듯했다. 단지 중앙의 공터에서는 친구들과 땀이 멎지 않을 만큼 뛰어 놀

앉다. 해가 산 너머로 넘어가 어둑해질 때까지, 야구와 축구를 번갈아 했다. 주말이면 동생과 단지 내 스케이트장에서 인라인을 탔고, 밤이면 온 가족이 중랑천을 따라 산책을 나갔다. 비릿한 하천의 냄새, 이름 모를 꽃들의 향기가 아직도 코끝에 남아 있다. 그때의 장소를 떠올리면 나는 금세 그 시절의 나로 돌아간다. 물리적인 시간여행은 불가능하지만, 감정의 시간여행은 언제든 가능하다. 그때의 냄새, 빛, 온도만 떠올려도, 우리는 다시 그 시절로 간다.

두 번째로 떠오르는 곳은 신혼 시절을 보냈던 상계동 주공아파트다. 경제적으로는 가장 힘들었지만, 돌이켜보면 가장 애틋한 공간이다. 봄에는 꽃망울과 새순이 돋고, 여름엔 신록이 우거지며 매미 소리가 들렸다. 가을엔 낙엽 밟는 바스락거림이 있었고, 겨울엔 앙상한 가지 위로 눈이 내려 나무를 감쌌다. 사계절 내내 그녀와 함께였고, 손을 꼭 잡고 걸었다.

어둑한 밤, 플라잉 요가를 하러 간다며 나섰던 그녀를 데려다주고 돌아오던 네온사인으로 점철된 거리. 함께 운동하자며 산 배드민턴 라켓을 개시하자마자 그녀가 발목을 삐었던 공터. 한겨울 새벽까지 밖에서 놀다가, 서로의 손을 주머니에 넣고 싸락눈을 맞으며 달리던 골목길. 화려한 가구는 없었지만, 우리의 취향으로 꾸민 신혼집. 모든 것이 소박했지만 충분했다.

석관동 두산아파트를 떠날 때도, 상계동 신혼집을 떠날 때도, 새로운 곳에 대한 설렘보다 정든 공간에 대한 아쉬움이 더 컸다. 떠난다는 것은 단순히 물리적인 이탈이 아니라, 그 안에 쌓인 나의 감정을 두고 나오는 일종의 정신적인 소모가 일어나는 일이었다. 그래서일까, 나는 이사를 앞두고 늘, 그 공간의 풍경을 사진으로 남겼다. 일종의 의식처럼.

그러다 어느 순간, 생각이 달라졌다. 한 장소를 떠난다는 것은 다른 곳으로 향한다는 뜻이다. 그리고 그곳은 또 다른 기억과 감정을 선사할 것이다. 떠난다는 건 슬픈 일이 아니라, 애정할 공간이 늘어나는 일이었다. 앞으로도 나는 어딘가로 떠날 것이다. 새로운 공간에 닿을 것이고, 또 그곳에 마음을 둘 것이다. 가끔은 단순하게 생각하자. 정든 곳을 떠난다는 건 나의 세상이 넓어지는 일이고, 그 여정의 곁에는 언제나 내가 사랑하는 사람이 있다는 사실에 집중하면 된다. 그것으로 충분하다.

나는 이담에 커서 1

1

학창 시절, 담임선생님이었던 혜민이 내게 물었다.

「민혁이는 가장 이루고 싶은 꿈이 뭐야?」

나는 잠시 생각하다가 말했다.

「우주를 실제 제 눈으로 보고 싶어요. 저만의 우주선을 타고 지구를 떠나, 다시 돌아오지 않을 반직선의 여정을 떠나는 것. 그렇게 저의 생을 마무리하고 싶어요.」

그 말을 들은 혜민은 멋있는 꿈이라고 했다. 그리고 말했다.

「지금 그 말을 하는 민혁이 너, 눈이 되게 빛나.」

고등학교 3학년이면 누구나 담임선생님과 진로 상담을 한다. 어떤 대학을 갈 건지, 어떤 학과를 선택할 건지, 그런 이야기들. 나는 상담 시간이 아닐

때도 종종 교무실에 들렀다. 선생님과 이야기하는 것이 즐거웠고, 이상하게 대화가 잘 통했다. 그 시절 나는 생각했다.

〈나중에 결혼한다면 꼭 이렇게 이야기 잘 통하는 사람과 하고 싶다.〉

조금 부끄러운 고백이지만, 그 시절의 나는 질투가 많았다. 다른 학생이 상담을 오래 하면 괜히 마음이 불편했다.

〈왜 이렇게 길게 이야기하지?〉 하며 속으로 중얼거렸다. 그러다가 내 차례가 되면, 언제 그랬냐는 듯 교무실 문을 열고 해맑게 들어갔다.

그 무렵, 나는 비행기 조종사가 되고 싶었다. 하지만 그 이야기를 누구에게도 한 적이 없었다. 전교 1등이라는 이유로, 나에게는 보이지 않는 기대가 씌워져 있었다. 〈당연히 서울대에 가야 한다〉는, 말하지 않아도 압박이 느껴지는 공기. 하지만 그곳에서는 내가 하고 싶은 일을 할 수 없었다. 그래서 늘 숨기고 있었다. 그러다 어느 날, 담임선생님(현 아내)과의 상담 시간에 처음으로 그 말을 꺼냈다.

「사실… 저는 비행기 조종사가 되고 싶어요.」

선생님은 미소를 지으며 말했다.

「민혁이랑 정말 잘 어울리는 꿈이야. 멋지네.」

그 말 한마디가 나를 완전히 바꾸었다. 선생님은 진심으로 내 꿈을 응원해주었고, 비행기 조종사가 되는 방법을 함께 찾아주었다. 그렇게 나는 여러

길 중에서 〈공군사관학교〉라는 목표를 정했다.

2

비행기 조종사를 꿈꾸게 된 계기는 의외였다. 초등학교 때 본 애니메이션 영화 「마다가스카」 때문이었다. 비행기 조종사하면 다들 머릿속으로 「탑건」을 떠올리겠지만, 내게 영감을 준 건 얼룩말 마티였다. 동물원에 갇혀 있던 마티가 탈출해, 자유의 몸으로 뉴욕의 밤거리를 걷는 장면이 있었다. 그 순간, 이유도 모른 채 나는 뉴욕이라는 도시에 매료되었다.

〈왜 그 장면이었을까?〉 지금 생각해도 모르겠다. 그냥 그렇게 마음이 갔다. 사람은 누구나 이유 모르게 꽂히는 장면이 하나쯤 있으니까. 그 후로 나는 〈뉴욕, 뉴욕〉을 외쳤고, 결국 아버지는 가족의 첫 해외 여행지로 뉴욕을 정했다.

처음 비행기를 타던 날, 나는 흥분을 감추지 못했다. 뉴욕에 간다는 설렘 때문인지, 아니면 운명이었는지 모르겠지만, 나는 비행기에 완전히 반해 버렸다. 인천을 떠난 비행기가 존 F. 케네디 공항에 도착하기까지 14시간 남짓. 그 긴 시간 동안 나는 한숨도 자지 않았다. 창밖은 온통 어둠이었다. 검은 하늘 외엔 아무것도 보이지 않았다. 그런데 이상하게, 그 어둠을 보고 있으니 마음이 고요해졌다. 그 까만 하늘은 나에게 도화지였다. 나는 그 위에 미래의 나를, 뉴욕의 풍경을, 그리고 언젠가 닿고 싶은 우주를 그렸다. 그때 처음, 〈하늘을 나는 사람〉이 되고 싶다는 생각을 했다.

그렇게 그 꿈을 홀로 고이 간직한 채 고3이 되고, 담임선생님과의 진로상담에서 처음 꿈을 누군가에게 밝힌 후 본격적으로 공군사관학교 입시를 준비했다. 사관학교 시험은 1차 필기, 2차 신체 및 면접으로 나뉜다. 나는 3월 말부터 1차 시험을 준비하기 시작했다. 기출문제를 모아 밤마다 풀었다. 처음엔 항상 접해오던 수능과 문제의 결이 달라 낯설었지만, 금세 감을 잡았다.

7월, 여름 한복판. 매미 소리가 시끄럽던 그날, 나는 시험장에 앉아 있었다. 늘 그렇듯 시험 전날엔 잠을 쉽게 이루지 못했지만, 늘 그렇듯 막상 시험지가 배부되자 마음이 가라앉았다. 펜을 쥔 손끝이 차분해졌다. 결과는 합격. 내 수험번호가 합격자 명단에 선명히 적혀 있었다. 이제 남은 건 2차 시험이었다. 논술, 체력, 신체검사, 면접. 그 모든 걸 위해 2박 3일 동안 공군사관학교에 머물러야 했다. 처음 본 캠퍼스는 낯설고도 단정했다. 첫날은 〈사드THAAD 배치〉를 주제로 한 논술 시험이었고, 둘째 날엔 70가지가 넘는 갖가지 신체검사를 받았다. 조종사가 되기 위해선 작은 결함 하나도 허용되지 않았다. 다행히 나는 모두 통과했다. 체력 검정도 문제없었다. 같은 방을 쓰던 두 명의 수험생과는 금세 친해져, 밤에는 몰래 「미션 임파서블」과 「탑건」을 보기도 했다.

경쟁자라기보다 함께 버티는 동료 같았다.

　마지막 날, 면접. 나는 말을 논리적으로 정리해 표현하는 걸 좋아했다. 긴장은 됐지만, 그마저도 즐거웠다. 면접 중 입이 바짝 말라 말을 잇기 어려워지자 교수님께 정중히 물었다.

「입이 너무 말라서 그런데, 혹시 생수 한 병 받을 수 있을까요?」

　교수님들은 웃으며 내게 물을 건네주었다. 그 웃음이 이상하게 든든했다.

　그리고 두 달여가 지난 10월 16일 오전 10시. 운명의 순간이었다. 나는 수업 중 선생님께 화장실에 다녀오겠다고 말하고 나왔다. 휴대폰을 들고 화장실 칸에 들어가 숨을 고르며 화면을 켰다.

〈우선선발 합격자 명단.〉

수험번호를 입력하고 확인 버튼을 눌렀다.

잠시 정적.

이윽고 화면에 보이는 한 줄의 문장.

　그 순간 나는 환호성을 질렀다. 그리고 곧장 교무실로 달려갔다. 처음부터 끝까지 나를 믿어준 사람, 나의 담임선생님에게 세상에서 제일 먼저 그 소식을 전하고 싶었다.

나는 이담에 커서 2

이듬해 1월, 나는 다시 공군사관학교로 갔다. 사관학교에 합격한 생도들은 학기 시작 전, 1월에 약 4주간 기초 군사 훈련을 받는다. 나 역시 스무 살이 되자마자 머리를 밀고 부모님과 작별 인사를 한 뒤 훈련에 들어갔다. 그리고 이 4주 동안, 사관학교에 대한 내 생각은 180도 바뀌었다.

하루는 이렇게 흘렀다. 해가 아직 수평선을 넘지 않은 새벽 6시 30분, 기상 나팔소리 대신 낮고 웅장한 보라매 헌시가 울린다. 하지만 대부분의 생도 후보생은 그 전에 이미 깨어 있다. 극도의 긴장 상태에서는 스피커가 켜지는 미세한 소리에도 스스로 눈이 떠진다. 어두운 적막 속 천장을 응시하다가, 그 음성이 들리면 침대에서 튕겨지듯 뛰어내려 수면복에서 군복으로 환복한다. 군화를 신고 끝없이 이어지는 끈을 묶고, 숙소 앞 구령대로 달려가 정렬. 침상 이탈부터 정렬까지 5분 이내. 한 사람이라도 늦으면 전체 얼차려다. 얼차려를 받기도 전, 온몸의 땀샘이 열린다.

얼차려 후엔 새벽 구보. 앞·뒤·옆의 간격을 맞추며 구령과 함께 달린다. 도착지는 식당. 그러나 입맛은 이미 사라졌다. 아니 그런 게 나에게 있었는지부터 의문이다. 식판을 받아 앉으면 나를 기다리는 것은 악명 높은 공군사관학교의 직각식사다. 허리를 꼿꼿이 세우고 시선은 정면. 음식을 향해 고개를 숙일 수 없다. 눈알만 살짝 아래를 향하게 해 음식의 대략적인 위치를 파악한다. 왼손으로 식판을 잡고, 오른손으로 숟가락에 음식을 뜬다. 오른팔을 앞으로 쭉 뻗고(관성으로 인해 음식이 앞으로 조금 떨어진다), 그 팔을 수직으로 입 높이까지 올린다(또 조금 떨어진다). 그리고 팔꿈치를 수평으로 접어 숟가락을 입에 넣는다. 이것이 공군사관학교의 직각식사다. 왜 이렇게 먹는지는 아무도 모른다. 다만 로마에서는 로마법을 따른다.

모두가 제각각의 사투를 벌이던 중, 교관 한 명이 내 옆에 와 한동안 지켜보더니 명찰을 뜯어간다. 〈망했다〉라는 생각이 가장 먼저 스친다. 명찰이 뜯기는 건 대개 좋은 신호가 아니다. 그러나 포커페이스로 직각식사를 이어간다. 앞사람 음식이 내 식판으로, 내 음식이 앞사람 식판으로 넘나드는 어수선한 식사 끝, 전원이 식당 앞에 대열을 맞춘다. 내 명찰을 가져간 교관이 외친다.

「박민혁 나옵니다.」

나는 심호흡을 하고 앞으로 나간다. 죄목을 들을 준비를 끝낸 상태로 죄수가 처형대에 오르듯 계단 가장 위까지 오른다. 짧은 정적 뒤, 교관의 입에서 나오는 한 문장.

「앞으로 직각식사는 박민혁 생도 후보생처럼 합니다. 박민혁 후보생, 직각식사 실시!」

상황을 이해하는 데 잠시 시간이 필요했다. 잘못이 아니라 시범이었다. 그 순간만큼은 환희에 차서 동작을 그 어느 때보다 정확하고 과감하게 보여준다. 허공을 가르는 팔, 계단 위의 시범, 아래에서 박수를 치는 200명 남짓의 스무 살 무렵의 청년들. 지금 떠올리면 어딘가 슬프고, 또 우스꽝스럽다.

자리로 돌아오면 다시 구보. 훈련, 구보, 샤워, 다시 구보. 시간이 흐를수록 내면의 질문은 깊어졌다. 나는 사관학교를 〈군대〉라기보다 〈대학교〉, 즉 교육기관으로 생각했다. 그러나 실제의 사관학교는 분명 군대였다. 군기를 잡기 위한 얼차려, 반복되는 정신적·육체적 고강도, 상명하복의 집단. 내 착오였다면 그 책임도 내 몫이었다. 본래 사관학교는 장교를 기르는 곳, 군대식일 수밖에 없다. 그래도 질문은 멈추지 않았다.

〈이곳에 남는 게 옳은가?〉

〈내가 바라던 삶은 이것인가?〉

조종사가 되려면 사관학교 졸업 후 의무복무 15년. 사관생도 기간까지 합치면 적어도 19년의 군 생활이 예정된다. 인간은 적응의 동물이고, 나는 분명 적응할 것이다. 그건 의심하지 않았다. 다만, 군대 문화에 적응한 나의 모습을 떠올릴 때마다 어쩐지 받아들이기 어려웠다. 내가 꿈꾸던 미래는 〈군인으로서의 나〉가 아니라, 하늘을 날며 까만 캔버스에 내 생각과 꿈을 그리는 나였다.

그래서 나는 입학 후 오래지 않아 스스로 퇴교를 결정했다. 그리고 아직까지도 그 선택을 단 한 번도 후회하지 않았다. 그로부터 8년이 조금 넘는 시간이 흘렀다. 누구나 살아가며 수없이 많은 선택의 기로에 선다. 그때마다 갈등이 따른다. 나 역시 만 28년을 살며 많은 선택을 했다. 선택은 필연적으로 포기를 동반한다.

공군사관학교를 택하며 다른 대학을 포기했고, 퇴교를 택하며 사관생도의 삶을 포기했다. 독일에서의 삶을 선택하며 한국에서의 삶을 포기했고, 다시 부모의 품 안에서 아들로 사는 것을 포기하고 한국으로 돌아와 한 사람의 남편으로 살기로 선택했다.

그런 연속된 선택 속에서, 나는 단 하나도 후회하지 않았다. 매번 선택의 중심에 〈내〉가 있었기 때문이다. 가까운 사람의 조언도, 사회의 시선도 아닌, 내가 무엇을 바라는지, 그 가치가 중심이었기에 후회가 없었다.

나는 지금 하늘을 날고 있지 않다. 새카만 하늘 캔버스에 그림을 그리진 못한다. 그래도 후회하지 않는다. 지금 내 앞의 하얀 빈 문서라는 캔버스에, 내가 가진 생각과 꿈꾸는 세상을 그리고 있기 때문이다. 내가 꿈꾸는 자유로운 삶을, 여기서 노래하고 있기 때문이다.

이방인의 숨, 16개월

공군사관학교를 떠난 후 나는 곧바로 앞으로의 삶을 계획하기 시작했다. 당시 우리 가족의 상황을 설명하자면, 세 살 터울의 남동생이 열네 살의 나이에 홀로 독일에서 축구 유학 중이었다. 그런 동생이 마음에 걸렸던 엄마는 일을 정리하고 독일로 홀로 가려 했다. 그러던 차에 내가 사관학교를 나온 것이다.

엄마의 계획은 수정되었다. 아니, 수정이라기보다 대공사에 가까웠다. 건축가이자 예술가였던 아버지는 오래전부터 유럽 어딘가에서 게스트하우스를 운영하고 싶다는 꿈을 막연히 품고 있었다. 긴 회사 생활에 조금씩 피로를 느끼던 아빠 역시 함께 떠나기로 했다. 그렇게 우리 가족은 한꺼번에 새로운 삶을 시작하기로 했다.

나는 사관학교의 소속을 벗어났지만, 여전히 하늘을 날고 싶었다. 독일에서도 조종사가 되는 길을 찾았다. 루프트한자 항공에서 운영하는 조종사 양성 프로그램에 참여하려면 독일 대학에 입학해야 했다. 일정 수준의 독일어 자격증만 취득하면 한국 내신 성적으로도 진학이 가능했다. 성실한 학교생활의 결과, 생활기록부에 찍혀 있는 꽤 괜찮은 성적이 나를 들뜨게 했다. 그래, 방법은 언제나 있다. 어떻게든 길은 있다.

독일로 떠나기 전, 두 번의 이별이 있었다. 하나는 잠시의 이별, 또 하나는 기약 없는 이별이었다. 먼저 잿빛의 고양이 하비를 두고 떠났다. 필요한 서류와 검사를 마친 후 몇 달 뒤 하비도 따라올 예정이었다. 그리고 출국 전 한국에서의 마지막 날, 나의 기억 속 언제나 함께였던 할머니와의 이별이 있었다. 비워진 집, 쌓인 짐과 먼지, 그리고 공항으로 향하는 밴의 차창 너머로 보이던 우리를 바라보며 어린아이처럼 울던 할머니.

나는 말했다.

「할머니, 금방 올 거야. 울지 마.」

할머니는 알겠다고, 이제 울지 않겠다고 하셨지만, 그날 이후 기억의 밀도는 서서히 옅어졌다. 아마도 할머니는 예감하고 있었을 것이다. 우리가 떠나고 나면 다시는 또렷한 기억으로 만나기 어려울지도 모른다는 것을.

엄마, 아빠 그리고 나 이렇게 세 식구는 결국 독일에서 동생과 다시 만났다. 낯선 땅, 새 보금자리.

그곳에서의 첫 만찬은 집 앞 작은 이탈리안 레스토랑의 짜디짠 파스타였다. 새로운 시작이라는 설렘 속에서도, 이미 할머니의 된장국이 그리웠다.

낯선 곳에서의 생존은 감상에 머무를 여유를 허락하지 않았다. 하루라도 빨리 사업을 세워야 했다. 가장으로서의 무게를 누구보다 절실히 느끼던 아버지의 기분은 날마다, 시시각각 변했다. 울적한 날도, 예민한 날도 있었다. 그런 상황 속에서, 그토록 혼란스러워하는 아버지와 어머니의 모습을 본 적이 없던 나는 처음엔 당황스러웠다. 그렇지만 8년이 지난 지금, 나 역시 두 아이의 아버지가 된 지금에야 조금은 알 것 같다. 그 무게가 어떤 것이었을지.

누군가가 힘들면, 그 곁의 사람도 함께 힘들다. 우리 어머니의 이야기이다. 어머니 역시 인생의 새로운 국면을 맞이하며 쉽지 않은 하루하루를 보냈다. 평생 교단에서 대학생을 가르치던 엄마는 이제 이불을 털고, 베개 시트를 갈고, 변기를 닦았다. 남들에게 보이지 않는 곳에서 부모님은 거대한 벽을 마주하며 간신히 하루하루를 버텼다.

그 시절, 동생과 나 역시 부모님을 도울 수 있는 일은 최선을 다해 도왔다. 하지만 그보다 더 몰두했던 건 축구였다. 독일의 축구장은 우리에게 천국 같았다. 걸어서 갈 수 있는 곳마다 잘 관리된 잔디구장이 있었다. 아인트라흐트 프랑크푸르트의 유소년 훈련장을 처음 봤을 때의 놀라움은 아직도 선명하다.

한국에선 초등학교 운동장조차 닫혀 있었으니까. 우리는 비가 오나, 눈이 오나, 천둥이 치나 축구를 했다. 그게 나의 독일 생활이었다. 독일어를 공부하고, 부모님의 일을 돕고, 동생의 코치로 살았다.

    무언가 특별한 사건이 있던 시절은 아니었다. 하지만 그때의 일상은 내 기억 속에 오래 남았다. 숨이 벅차지 않는 삶. 그것이 독일이 내게 준 선물이었다. 그곳의 사람들은 타인의 시선을 신경 쓰지 않았다. 볕 좋은 날이면 공원에 나가 거리낌 없이 옷을 벗고 햇살을 즐겼다. 꾸미지 않아도 괜찮은 세계, 남의 눈보다 내 마음의 온도를 먼저 살피는 삶. 그 속에서 나도 조금씩 변했다. 남과 나를 비교하지 않게 되었고, 내면에 귀를 기울이게 되었다. 비교의 중심이 밖이 아니라 안이 되었을 때, 마음이 한결 가벼워졌다.

    이제는 아들이 아닌 아버지로서 아내와 아이들과 다시 한국에서 살고 있다. 그러나 가끔은 그곳이 그립다. 세상이 얼마나 넓은지, 얼마나 다양한 사람들이 서로의 방식으로 살아가는지를 내 아이들에게도 보여주고 싶다. 이방인으로서의 16개월은 나에게 외로움보다 자유를 가르쳐주었다. 그리고 그 자유가 내 삶의 방향을 바꾸어 놓았다. 이제 나는 하늘을 나는 대신, 마음의 좌표를 넓히며 살고자 한다. 혹 언젠가 그곳이 어디가 되었든 다시 낯선 땅에 서게 된다면, 나는 그곳에서도 이방인이 아니라 나답게 사는 사람으로 남고 싶다.

사색의 길 위에서

사실 이 여행의 발단은 아주 가벼운 대화에서 비롯되었다. 2016년, 독일에서 살던 시절이었다. 한국에서 교사로 수십 년을 살아온 고모와 고모부가 우리 가족을 보러 왔다. 오랜만에 만나 이런저런 이야기를 나누던 중, 고모가 예전에 다녀왔는데 참 좋은 기억이 있는 곳이라며 산티아고 순례길 이야기를 꺼냈다. 그전까지 나는 그 길에 대해 아무것도 몰랐다. 그런데 이상하게 마음이 끌렸다. 걷는 것을 좋아하고, 조용히 생각에 잠기는 것을 좋아했던 나에게 그 길은 어쩐지 나를 위한 공간처럼 느껴졌다.

그날 밤, 산티아고 순례길에 대해 찾아보기 시작했다. 유럽에 살며 가장 쉽게 누릴 수 있는 호사 중 하나는 바로 〈주변국으로 가는 여행의 용이성〉이다. 산티아고 순례길의 목적지인 산티아고 데 콤포스텔라 대성당으로 가는 길은 여러 루트가 있지만 나는 그중에서 가장 보편적인 길이라 할 수 있는 프랑스 루트를 따라가기로 했다. 프랑스 루트의 시작점인 생장 피에드포르까지 가려면 비행기와 버스, 기차를 번갈아 타야 했지만, 대략적으로 교통비를 계산해보니 고작 몇 만 원 남짓이었다. 그렇게 가볍게 순례길을 걷겠다는 결심을 했다.

비행기 티켓을 먼저 끊었다. 낙장불입이었다. 티켓을 끊은 뒤, 짐을 꾸렸다. 배고픈 낭만가의 여행을 하고 싶었다. 거창하게 이것저것 새로 구매하지 않고 지금 내 수중에 있는 물건만 가지고 다녀오고 싶었다. 발 편한 등산화 하나 사지 않고 평소 신던 스니커즈를 챙겼다. 옷은 축구복 상하의 몇 벌, 책 몇 권, 선글라스, 3분 짜장과 햇반 하나. 그게 전부였다. 출발하는 날, 새벽부터 프랑크푸르트 중앙역에서 파리로 향하는 버스를 타야 했다. 부모님은 걱정스러운 얼굴로 배웅을 나왔다. 나는 마냥 들떠 있었다. 설렘으로 무장한 채 파리행 버스에 올라탔다.

버스를 타고 프랑크푸르트에서 파리까지 9시간, 파리에서 프랑스와 스페인 국경에 접한 남서부 도시 바욘까지 11시간, 바욘에서 생장 피에드포르까지 기차로 갈아타 다시 1시간 반. 대기 시간까지 합치면 순례길의 시작점까지 27시간이 걸렸다. 그런데도 피로하지 않았다. 생장 피에드포르에 도착하자마자 순례자 사무소로 향했다. 2유로를 내고 순례자 여권과 가리비 껍질을 받았다. 그것이 〈순례자의 증

표)였다.

　겨자색 배낭에 아이보리빛 가리비를 매달고 나서자 사방은 이미 어두웠다. 생장에서 하루 묵을 숙소에 들어서니 코고는 소리가 사방에서 들려왔다. 낯선 사람들의 숨결이 가득한 공간에서, 나도 내일부터 시작될 여정을 위해 오지 않는 잠을 청했다.

　몇 시간 뒤, 알람 소리와 함께 잠이 깼다. 아직 밖은 어두웠지만 다들 준비를 시작하고 있었다. 나도 주섬주섬 짐을 챙겨 나왔다. 비가 부슬부슬 내리고 있었다. 비닐 우비를 꺼내 입고 걷기 시작했다. 첫날의 목적지는 피레네 산맥을 넘어 만날 수 있는 론세스바예스. 초입부터 가파른 오르막이 이어졌다. 제대로 몸을 풀고 걷지 않아 종아리에 쥐가 났지만, 차분히 근육을 풀며 걸었다.

　피레네 산맥의 해발 1,400미터 정상에 다다르자 하늘이 맑게 개었다. 아니 내가 구름 위에 있었다. 그 순간의 풍경은 지금도 잊히지 않는다. 눈앞에 끝없이 펼쳐진 거대한 산맥 앞에서, 인간이 얼마나 작은 존재인지 실감했다. 내가 품은 고민들이 얼마나 사소한지도. 자연은 늘 그 깨달음을 가장 단순하게 가르쳐준다.

　내려가는 길에서 한 프랑스인 남자가 다리에 쥐가 났는지 길가 옆에 쪼그려 앉아 있었다. 다가가 근육을 풀어주었다. 그의 영어는 서툴렀지만, 그 짧은 교감으로도 우리는 친구가 되었다. 이후의 여러 도시에서도 우연히 다시 마주쳤고, 와인과 식사를 나누며 여러 밤을 함께 보냈다. 순례길에서의 인연은 언제나 그렇게 느슨하고 따뜻했다.

　매일 새벽 5시면 일어나 길을 나섰다. 나는 걷지 않고 달렸다. 순례길을 달리는 사람은 드물었다. 10일간의 여정 동안 그런 사람은 나 하나뿐이었을 것이다. 이유는 단순했다. 더 일찍 도착하고 싶었기 때문이다. 정오 전에 그날의 목적지에 닿으면, 그 도시는 거의 비어 있었다. 전날의 순례자들은 떠나고, 오늘의 순례자들은 아직 도착하지 않은 시간. 그 고요 속에서 도시를 오롯이 혼자 누릴 수 있었다. 도착하면 볕이 좋은 자리를 찾아 눕고, 짧은 잠을 청했다.

　아직 숙소 문이 열리지 않은 시간, 배낭을 내려놓고 가까운 레스토랑을 찾았다. 야외 테이블에 앉아 맥주 한 잔과 마르게리타 피자 한 판을 시켰다. 그 단순한 조합이 주는 행복감은, 살아오며 손꼽힐 만큼 크고도 순수한 것이었다.

　그 길의 도시들은 각기 다른 빛깔로 남아 있다. 중세의 성벽 도시 론세스바예스, 흰 벽과 붉은 지붕의 부르게테, 수로가 흐르는 다리의 도시 수비리, 바로크 양식의 파사드가 아름다운 팜플로나, 해바라기밭이 끝없이 펼쳐진 시수르 메노르와 사리키에기 사이의 들판, 철로 만든 순례자의 조형물이 서 있는 페로돈 언덕, 와인의 샘이 솟는 이라체, 그리고 황량한 12킬로미터 벌판 끝의 로스 아르코스까지.

그 모든 장면은 지금도 내 기억 속에서 차례로 불이 켜지듯 선명하다. 매일 30킬로미터를 걸으며 (혹은 달리며) 오로지 나의 발소리와 숨소리만을 들었다. 그 고요 속에서 나는 나와 대화했다. 사소한 걱정, 무거운 질문, 덧없는 상상, 그리고 아무 생각도 없는 무(無). 그때 처음으로 〈사색한다〉는 말의 의미를 체감했다. 에피쿠로스가 말한, 행복으로 향하는 사색이었다. 나는 그 시간 덕분에 내 안이 조금 더 단단해졌다고 믿는다.

여정의 끝 무렵, 엉뚱한 해프닝이 하나 있었다. 10일의 걷기를 마치고 마드리드로 향했을 때였다. 비행기 연착으로 공항에 꼼짝없이 갇혔다. 가진 돈은 없었다. 3일 동안 화장실의 수돗물로 버텼다. 배가 너무 고파 쓰레기통을 뒤적거리며 누군가 남긴 음식이 있는지 찾아다녔다. 절반만 남은 초코우유 하나를 발견했을 때, 마실까 말까 한참을 망설였다. 결국 마시지 않았다.

배가 곯아보는 경험은 잔인했지만, 동시에 깨달음을 남겼다. 가장 지루한 일상의 평범함이 얼마나 값진 것인지, 평범이야말로 얼마나 큰 축복인지를. 지금은 웃으며 말할 수 있는 기억이지만, 그 3일의 시간은 내 삶에 오래 남았다.

언젠가 다시 그 길을 걷는다면, 이번에는 혼자가 아니라 혜민과 함께 걷고 싶다. 그녀와 걷는 그 길은, 그 시간은 또 다른 사색의 계절이 될 것이다.

사랑받은 아이의 완벽한 무게

 나는 사랑받는 아이였다. 가족 모두와 원만한 관계를 유지하며 자랐다. 부모에게는 착하고 말을 잘 듣는, 공부도 곧잘 하는 장남이었고 동생에게는 친구처럼 잘 놀아주는 형이었다. 가족뿐 아니라, 나와 관계 맺은 모든 이들과도 잘 지냈다. 아니, 잘 지내려고 애썼다고 하는 편이 더 정확할 것이다. 학교에서는 선생님들의 칭찬과 친구들의 관심을 받으며 살았다. 운동이면 운동, 공부면 공부, 교우 관계면 교우 관계, 겉보기엔 부족함 없는 학생이었을 것이다. 나 역시 그렇게 믿었다.

 누군가 내게 어떤 제안을 하면, 거절을 몰랐다. 그들을 실망시키고 싶지 않았다. 〈박민혁〉은 무엇이든 해낼 수 있는 사람이어야 했다.

「민혁아, 이거 어떻게 하는지 알아? 난 모르겠어.」

「네, 제가 해볼게요. 저 이런 거 잘해요.」

모르는 일이더라도 책을 찾아보고 인터넷을 검색해 끝내 해냈다. 그리고 들려왔다.

「역시 민혁이는 못하는 게 없다니까.」

그 말을 들을 때마다 나는 안도의 숨을 쉬고, 작게 웃었다. 이번에도 잘 해냈다고, 스스로를 다독였다. 그렇게 나는 보이지 않는 벽 안으로 들어갔다. 실패를 한 번도 경험하지 못한 사람, 그 사람이 가장 위험하다는 말처럼. 급발진한 자동차처럼 멈추지 못하는 완벽주의자의 삶. 누군가 브레이크를 밟지 않으면, 어디든 부딪혀야만 멈출 수 있는 속도였다. 나는 그렇게 살아왔다. 겉으로는 고요한 백조처럼, 물 아래에서는 쉬지 않고 허우적대며.

나는 스물한 살에 결혼했다. 혜민과 결혼하고 물리교육과에 진학했다. 대학교 입학 전 이미 유부남이 된 나는, 흔치 않은 신입생이었다. 나의 대학 시절은 〈공부〉라는 단어 하나로 압축된다. 등록금만큼은 아내에게 부담주지 않겠다고 다짐했고, 그래서 결혼할 때 나 스스로 세 가지 약속을 세웠다.

첫째, 모든 등록금은 장학금으로 해결할 것.

둘째, 조기졸업으로 학업 기간을 단축할 것.

셋째, 졸업과 동시에 임용고시에 합격할 것.

그 약속들은 착실히 지켜졌다. 2학년 2학기가 시작하자마자 태어난 첫째 아이의 육아를 하면서도 모든 학기 동안 전액 장학금을 받았고, 학교에서 단

한 명만 받는 학업 장려금도 손에 쥐었다. 조기졸업도 했다. 모든 것이 계획대로였다. 마지막 남은 임용고시만 통과하면 됐다. 3학년 2학기를 마친 겨울부터 공부를 시작했고, 4학년 1학기는 학업과 시험 준비를 병행하며 내내 달렸다.

그해 11월, 첫 시험을 봤다. 결과는 1차 시험 커트라인 통과. 1.5배수를 선발하는 필기에서 간신히 붙었다. 이제 남은 건 2차 시험이었다. 면접, 수업 시연, 실험. 모든 걸 걸었다. 이전 10년간의 통계를 살펴보니, 1차 커트라인이라도 2차에서 90점 이상만 받으면 최종 합격을 할 수 있었다.

나는 99점을 받았다. 하지만, 올해는 지난 10년간의 통계가 무색하게 1차 시험에서 커트라인으로 합격했던 사람이 2차 시험에서 101점을 받아야 최종 합격을 할 수 있었다. 단 2점 차이로 떨어졌다. 결과를 확인하던 자리에서 결국 지난 4년간 참았던 눈물이 터졌다. 옆에 있던 아내도 함께 울었다. 그녀는 시험 결과보다, 그것으로 상처받을 나를 먼저 걱정해 울었다.

대학교 2학년 때 첫째 지유가 태어났다. 그래서 나는 육아와 학업을 함께했다. 시험 기간엔 아이를 업고 공부했고, 코로나 바이러스로 모든 강의가 비대면 수업으로 진행될 땐, 태어난 지 몇 달 안 된 아이를 옆에 눕히고 강의를 들었다.

임용 준비를 하던 1년은 잠을 줄이고 버티는 시

간이었다. 새벽 5시에 일어나 공부를 시작했다. 아이가 깨어나면 밥을 먹이고 등원시켰다. 집에 돌아와 오전 9시부터 아이가 집으로 돌아오는 오후 4시까지 다시 공부. 저녁엔 아이를 씻기고 재운 뒤, 밤 8시부터 새벽 2시까지 또 공부했다. 3시간 자고 다시 시작했다.

누구도 요구하지 않은 약속이었다. 하지만 나는 스스로 만든 벽 안에서 점점 더 깊이 땅굴을 파고 들어갔다. 그 끝에서 마주한 건 번아웃이었다. 시험 결과를 확인하고 난 후에도 아내와 아이 앞에서는 웃었다. 그러나 그들이 집을 나서면 나는 생기가 빠진 사람처럼 앉아 있었다. 아무 생각도, 의욕도 없이. 그 상태로 다시 아이를 데리러 가고, 다시 다음 날이 반복되었다. 아내가 결국 말했다.

「당신, 상담을 받아 보자.」

그렇게 시작된 상담을 통해 알았다. 나는 완벽하려는 사람, 〈괜찮다〉는 말을 자신에게 하지 못하는 사람이었다. 그래서 무너졌다. 몇 차례의 상담이 지나고, 한 고등학교에서 연락이 왔다. 일자리를 제안 받았다. 나는 번아웃의 자리에서 일어나기로 했다. 교단에 서며 조금씩 회복되는 듯했다. 하지만 2년이 지나자, 또 다른 질문이 남았다.

〈그래서 나는 지금 행복한가?〉

학생들과의 시간은 소중했지만, 교육의 현장에서 느껴지는 현실과 내가 가진 이상 사이의 괴리감이 점점 깊어졌다. 그때 나는 글을 쓰기 시작했다. 구속되지 않은 채, 내가 하고 싶은 일을 하며 사는 것은 분명 즐거웠다. 그럼에도 때때로 이유 모를 울적함이 찾아왔다. 혜민과 오랜 대화를 나눈 끝에 도달한 결론은, 그 울적함의 근원이 〈완벽주의〉에 있었다. 완벽할 수 없는 인간이 완벽을 향해 나아갈 때, 그 끝에는 언제나 죄책감이 있었다. 밤을 새워 일하다가 낮에 한 시간 눈을 붙여도 그 달콤함보다 먼저 찾아오는 건 〈그 시간에 더 생산적인 무언가를 할 수 있었을 텐데〉라는 자책이었다.

하지만 원인을 알면 길이 보인다. 나는 내 안의 완벽주의를 인식했고, 그 인식이 변화의 시작이었다. 이제는 스스로에게 말한다.

「괜찮아. 완벽하지 않아도 돼.」

〈완벽하지 않음〉을, 조금 덜 완벽한 나를 그대로 사랑하기로 했다. 온전한 나를 사랑할 줄 알아야 비로소 누군가를 사랑할 수 있으니까.

3

그녀를 처음 본 순간 (상)

내 삶은 혜민이라는 존재를 알기 전과 후로 또렷이 갈린다. 그녀를 처음 만난 순간은 내가 고등학교를 입학하던 날로 되돌아간다. 중학교를 졸업하기 전, 진학을 희망하는 고등학교를 적어 제출하던 때, 희망 1순위부터 5순위까지 적어야 한다. 당시 내가 살던 집에서 가장 가까운 학교였던 ㅅ고등학교를 제외하고 며칠 내내 고심하며 순위표를 채워서 제출했다. ㅅ고등학교는 내가 어릴 적부터 살았던 동네의 친구들 사이에 떠돌던 일종의 괴담이 많은 학교였기 때문이다. 〈그 학교에 입학하면 학업에 집중하기 힘들다〉, 〈그곳은 여전히 일진 문화가 심하다더라〉 등의 흉흉한 소문이 꼬리에 꼬리를 물며 들려오던 학교였기에 그곳만은 피하고 싶었다. 그리고 이런 스토리의 결말이 으레 그렇듯, 나는 ㅅ고등학교에 배정을 받아 진학하게 되었다.

짧은 봄방학이 지나고 새로운 학교에서의 생활이 시작되었다. 새 교복을 맞춰 입고 낯선 등굣길에 나섰다. 신입생들이 모두 모여 있는 강당에서 나는 얼마간 울적한 기분으로 입학식에 참여했다. 일렬로 쭉 서 있는 학생들의 시선은 하나같이 단상보다 서로의 얼굴을 더 바삐 훑었다. 누군가는 새로운 친구를, 누군가는 연애를, 또 누군가는 세력 싸움을 위해서. 일종의 탐색전이라고나 할까. 저마다 처음 보는 낯선 얼굴들을 흘끗 쳐다보고, 분위기를 파악해 보려 애쓴다. 사춘기의 절정을 지나고 있는 아이들에게는 반드시 필요한 절차인 것처럼.
　입학 주간은 1년 동안 함께할 선생님들이 들어와 담당 과목과 본인 소개를 하고, 〈잘 부탁한다〉는 말이 교실의 문장부호처럼 반복되는 오리엔테이션 주간이다. 그렇게 열댓 번의 〈잘 부탁한다〉를 거친 어느 목요일. 나는 심드렁한 눈빛으로 창밖의 바람에 흔들리고 있는 교정의 미루나무를 멍하니 바라보며 학교 안에 갇혀 있기보다 나뭇잎 사이로 비추는 따스한 햇살을 받으며 녹음이 우거진 숲에 누워 책만 읽고 싶다는 상상을 하던 순간, 드르륵 문이 열렸다. 그리고 이유가 생겼다. 내가 이 학교에 있어도 좋겠다는, 앞으로의 시간을 견인할 이유. 아직도 눈 감으면 재생되는 장면이 있다. 멀리서도 폭닥함이 느껴지는 개나리색 니트에 약간의 구김이 있는 얇은 하얀 카디건을 입고 청바지에 하얀 스니커즈를 신은, 갈색 단발머리를 하고 보라색 안경을 쓴 그녀가 밝은 미소와 함께 걸어 들어오던 장면. 어떻게 그렇게까지 기억하냐고 묻는다면, 온 신경이 선명하게 그녀를 향하고 있었으니까.

그녀는 자신을 생명과학 전공의 과학 선생님이라고 소개했다. 첫 시간에는 과학 부장을 뽑자고 했다. 수업이 시작하기 전 교무실로 와서 노트북과 수업 자료를 챙겨 타종이 울리면 곧바로 수업을 시작할 수 있게끔 세팅을 해놓는 것이 과학 부장의 임무였다. 누구보다 빠르게 손을 번쩍 들었고, 세 번의 가위바위보 끝에 그 역할을 맡았다. 매주 목요일 3교시가 끝나자마자 교무실로 달려가서 노트북과 수업 자료를 챙긴다는 핑계로 선생님과 잠깐의 대화를 나눴다. 그 짧은 시간이라도 선생님과 함께 있고 싶었다. 그렇게 나는 수업 참여도, 부장 역할도 성실히 수행하며 그렇게 1년을 보냈다.

2학년이 된 나는 꾹쌤(당시의 애칭)을 만날 수 없었다. 그해 3월 첫 주도 역시 오리엔테이션 주간이었다. 여러 과목의 선생님들이 교실을 지나쳐 가고, 생명과학 시간이 찾아왔지만 낯선 선생님이 들어왔다. 이번에 새로 우리 학교로 발령받은 선생님이었다. 주변 친구들은 사춘기 남자가 대개 그렇듯 새로운 젊은 여자 선생님의 등장에 다들 환호성을 내질렀다. 괴성이 난무하는 그 공간에서 나는 혼자 조용히 아쉬움을 달랬다. 그해 꾹쌤은 3학년 담임을 맡게 된 것이다. 가끔 복도에서 마주치면 반갑게 인사를 하는 정도로 시간을 견뎠다.

그렇게 시간이 흘러 달리는 열차와 뜨는 비행기마저 멈추게 한다는 고3이 되었다. 고3을 앞둔 겨울방학, 여느 때처럼 친구와 공부를 하고서 집으로 가는 버스를 기다리고 있었다. 이맘때면 늘 그렇듯이 〈이번 겨울은 유난히 더 추운 거 같아〉라며 파카 양쪽 주머니 깊숙이 손을 찔러 넣고 발을 동동 구르며 시시콜콜한 담소를 나누고 있었다. 발끝의 감각이 점점 사라져서 발톱이 빠져도 모를 것 같은 추위였다. 그때 친구의 휴대폰 전화벨이 울리고 짧은 통화를 한다. 통화를 마친 후 나에게 고3 담임선생님 배정이 다 되었다는 말을 한다. 이 친구는 언제나 누구보다 학교 소식을 빠르게 접하는 능력이 있었다. 내 얼굴 가까이 들이민 친구의 휴대폰 화면에는 〈3학년 2반 담임: 국혜민〉이라 적혀 있었다. 일순간 추위가 잊혔고 환호성을 내질렀다. 곧이어 버스가 도착했고, 나는 버스 창가에 앉아 차창 너머 연속사진처럼 지나가는 풍경을 바라보며 바닥 요철에 따라 덜컹거리는 버스의 흔들림에 맞춰 콧노래를 흥얼거렸다.

그리고 고3의 첫날. 두 달을 기다린 아침이었다. 자전거 자물쇠를 풀고 페달을 밟았다. 아직 차가운 초봄의 살을 에는 서늘한 바람이 페달을 밟는 속도와 비례해 강하게 머릿결과 귓등을 스쳤다. 머리 위 가로수에 앉은 참새들의 짹짹이는 소란조차 어느 작은 교향악단의 연주처럼 들렸다. 새벽 공기 특유의 정갈하면서도 신선한 기운이 콧속을 가득 메운다. 그러나 함께 등교하기로 한 친구로부터 늦잠을 잤으니 조금만 기다려 달라는 연락이 왔고, 첫날부터 지각한 학생이 되고 싶지 않았기에 재촉하였지만 결국 늦었다. 급히 3학년 2반 교실로 가 앞문에 난 창으로 슬쩍 교실 안을 들여다보니 교탁 앞 꾹쌤이 굳은 얼굴로 입을 꾹 다문 채 서 있었고 교실은 엄숙했다. 하필 뒷문은 굳게 잠겨 있었고 하는 수 없이 앞문으로 들어섰다. 머쓱한 웃음을 지으며 꾹쌤을 바라보았지만 여전히 굳은 얼굴로 〈어서 빈자리로 가서 앉으세요〉 하는 딱딱한 목소리가 돌아온다. 비어 있는 자리를 찾아보았는데 하필 교탁 바로 옆 임시 책상 자리였다. 그런데 이 와중에도 〈선생님과 가까이 앉게 되니까 좋다〉라고 생각이 스쳤다.

    나중에야 알았다. 첫날의 엄격한 표정과, 엄숙한 분위기는 전부 다 의도된 전략이었다. 고등학교 발령 3년 차에 처음 맡게 된 남학생 반 담임. 그래서 만만하게 보이지 않기 위해 〈무서운 척〉을 했던 것이다. 첫날의 비하인드 스토리를 또랑또랑 들려주며 꾹쌤이 웃을 때, 밝은 카나리아 같던 본래의 표정이 돌아왔다.

    그해 1년은 행복한 나날들의 연속이었다. 전교

학생회장이던 처지라 학급 반장을 겸임할 수는 없었지만 실질적으로 반의 분위기를 이끄는 역할을 자발적으로 맡았다. 강압 대신 설득으로 친구들과 함께 좋은 학급 분위기를 만들기 위해 노력했다. 고맙게도 반 친구들은 나의 제안과 노력에 적극적으로 응해 주었다. 무조건 담임선생님 수업 시간에는 누구도 자지 않는다. 그게 규칙 1번이었다. 그래서 난 생물 시간이 다가오면 엎드려 자고 있는 친구에게 다가가 조용히 깨웠다.

「이제 생물 시간이야, 일어나서 같이 열심히 수업 듣자.」

처음에는 버거워하던 친구들도 점점 열심히 수업에 참여하는 모습을 보이게 되었다. 그렇게 우리 반은 1년 동안 대부분의 선생님들에게 수업에 성실히 참여한다고 소문난 반이 되었다.

그녀를 처음 본 순간 (하)

고등학교 3학년 시절, 꾹쌤과 함께 보낸 1년에는 기억에 남는 크고 작은 이야기들이 많았다. 전부 다 말하자면 끝이 없을 테니, 지금도 마음에 남아 있는 장면 몇 개만 꺼내 본다.

가장 먼저 떠오르는 건 우리 반의 좌석 배치 방식에 대한 이야기이다. 자리 선정 규칙은 단순했다. 〈일찍 오는 순서대로 원하는 자리를 고른다.〉 한 달에 한 번 자리 이동이 있었다. 나는 늘 교탁 바로 앞자리를 사수했다. 그 자리에 앉으면 선생님과 가장 가까웠고, 얼굴을 마주 보며 이야기 나눌 수 있었고, 사소한 표정 하나까지 놓치지 않을 수 있었다. 3월, 4월 첫 두 달 연속으로 교탁 앞자리를 지키자 친구들 사이에 자연스럽게 불문율이 생겼다. 교탁 앞자리는 민혁 자리.

그 질서가 깨진 건 5월의 첫날이었다. 4월 마지

막 날의 종례 시간. 꾹쌤이 말했다.

「내일은 5월의 첫 날인 거 다들 알죠? 매월 첫째 날은 자리 바꾸는 날이에요.」

평소와 같이 청소 당번만 남고 조심히 하교하라고 외치는 꾹쌤의 옆에서 몇 마디를 주고받았다.

「오늘 하루 어떠셨어요? 힘든 일은 없으셨어요?」

나는 언제나 청소 당번이 아니어도 매일 바닥을 쓸고 닦고 문단속하며 학교에 마지막까지 남아 있었다. 선생님은 그 이유가 조금이라도 더 함께 있고 싶었기 때문이라는 걸 몰랐을 거다. 그 당시에는 나조차도 명쾌하게 설명하기가 어려웠으니까. 사랑의 시작점에 있는 사람에게는 대부분 이런 순간들이 있다. 내 안에 내가 아닌 누군가, 그것도 어딘가 약간 섬세한 감성을 가진 누군가가 마음대로 들어와 앉아 있는 듯한 느낌. 첫사랑이다.

다음 날 아침, 평소보다 10분 정도 일찍 교실 문을 들어선 나는 그 자리에 멈춰 설 수밖에 없었다. 언제나 나의 자리일 것이라 굳게 믿었던 그 자리에 누군가 이미 앉아 있었던 것이다. 그 순간의 허탈함은 지금도 선명하다. 어깨가 바닥에 닿을 듯 축 처졌다. 규칙은 명확했다. 〈선착순.〉 애석하게도 나에게는 그 자리의 소유권을 주장할 어떠한 권리도 없었다. 단지 마음속이 잿빛으로 변했을 뿐이었다.

〈내가 왜 이렇게까지 기운이 없을까.〉 스스로도 낯설었다. 사소한 일이 큰일처럼 느껴졌다. 그게 아마 〈첫사랑〉이라는 병의 증상이었을 것이다.

아무튼 아침부터 기운이 없던 그날은 정말로 열까지 났다. 정신적인 고열이 몸으로 번진 듯했다. 아침 조회를 하기 위해 교실로 들어온 꾹쌤이 눈에 띄게 평소와는 다른 나의 모습을 보고 다가와 묻는다.

「민혁아, 어디 아파 보여. 괜찮아?」

「그냥 열이 좀 나는 거 같아요. 시간 지나면 괜찮아 질 거예요. 너무 걱정 마세요. 맨 앞자리에서 선생님 수업을 들을 수 없다는 게 조금 슬플 뿐이에요.」

평소처럼 넉살 좋게 억지웃음으로 넘겼지만 속은 타들어갔다.

1교시 수업이 끝나고 쉬는 시간. 누군가 나의 어깨를 톡 건드렸다. 돌아보니 꾹쌤이었다.

「자, 국화차 타 왔어. 열나고 힘들 땐 이렇게 따뜻한 게 최고야.」

그 한 잔이 나를 금세 낫게 했다. 진심 어린 온기가 컵을 통해 손끝으로 번졌다. 차를 다 마신 후 찻잔 바닥에 덩그러니 남아 있는 국화꽃을 한참을 바라보다 건져 바람 드는 창가로 가져가 손바닥 위에 가만히 올려놓았다. 〈오늘은 바람이 잘 불어 금세 마를 것 같네〉라고 생각하며 창문턱에 몸을 기울여 기대니 옅은 미소가 지어졌다. 그 국화꽃잎은 여전히, 지금도 나의 책갈피 속에서 어떤 의미로는 〈마르지 않은 채〉 남아 있다.

꾹쌤을 위한 작은 이벤트들을 준비하던 시간도 잊히지 않는다. 이를테면 스승의 날이라든지 크리스마스라든지 혹은 아무 이유 없는 날에도 반 아이들을 이끌고 담임선생님을 위한 무언가를 기획하는 재미가 있었다. 선생님을 향한 마음을 그렇게 표현하고 싶었다.

올해 스승의 날에 학교에서 졸업사진을 찍으러 근처 공원으로 나들이를 나간다는 공지를 전달 받았다. 5월 14일 저녁, 반 채팅방에 글을 올렸다.

「내일 사진 촬영 장소에 모일 때, 각자 장미 한 송이씩 들고 오자.」

나는 곧이어 꽃집으로 향했다. 지하철이 다니는 소리와 진동이 요란하게 울려 퍼지는 굴다리 바로 아래 위치한 꽃집이었다. 내가 들어와도 무심하게 앉은 자세 그대로 뉴스가 나오고 있는 텔레비전에 시선이 꽂혀 있는 아주머니에게 물었다.

「가장 예쁜 사람에게 어울리는 꽃다발 하나 주세요.」

내게 필요한 건 가장 예쁜 〈꽃〉이 아니라 〈가장 예쁜 사람에게 줄〉 꽃이었다. 친구들은 장미꽃 한 송이씩 들고 왔고, 나는 한 다발을 준비했다. 그렇게 꾹쌤의 품에는 39송이의 장미꽃과 한 다발의 꽃이 함께 안겼다.

　겨울이 오고, 크리스마스가 2주 앞으로 다가왔다. 우리는 또다시 작은 이벤트 하나를 준비했다. 우리 반 친구들의 모습을 찍은 폴라로이드 사진을 모아 사진첩을 만들고 각자 짧은 편지를 적었다. 그리고 마지막으로 십시일반 돈을 모아 선물할 목걸이를 골랐다. 크리스마스를 상징하는 포인세티아 모양의 목걸이를 골랐고, 그 뒷면에는 내가 제안한 단어 〈Alcestis〉를 새겼다. 고대 그리스의 비극에 등장하는 〈알케스티스〉의 이름. 〈우리의 여왕님〉이라는 뜻으로 해석할 수 있는 단어였다. 그 목걸이를 구매한 날, 선생님의 목에 걸어줄 생각으로 잠을 설쳤다. 사랑에 빠진 소년의 풋풋한 감정으로 점철된 밤이었다.

　선물을 건네는 날, 반 아이들과 칠판을 가득 꾸몄다. 풍선을 달고 그림을 그리고, 메시지를 한마디씩 적었다. 모든 준비가 끝나고 급한 일이 생겼다며 선생님을 불렀다. 불이 꺼진 교실 앞에서 선생님은 어리둥절한 표정이다. 문이 열리고, 선생님이 들어옴과 동시에 불을 켜고 선물을 전달한다. 영문을 모르고 어안이 벙벙하던 선생님의 얼굴에 웃음이 조금씩 차오른다. 종이 장미 꽃다발, 학생 한 명 한 명의 편지가 적힌 폴라로이드 사진첩 그리고 마지막으로 포인세티아 목걸이가 담긴 상자.

「책에서는 목걸이는 직접 걸어줘야 한다고 했

어요.」

 나는 조심스레 선생님의 목에 목걸이를 걸었다. 손끝이 떨렸다. 고리를 채우는 데 몇 번이고 실패했다. 손이 덜덜 떨렸고, 친구들의 웃음이 터져 나왔다. 결국 마지막 시도에서야 성공했다.

「꾹쌤, 메리 크리스마스!」

 그날의 웃음과 따뜻한 공기는 언제 떠올려도 웃음 짓게 되는 추억이다.

 물론 모든 기억이 달콤하기만 했던 것은 아니다. 여름방학을 2주 앞둔 때였다. 하복을 입은 남학생들이 틱틱 소리를 내며 돌아가는 선풍기 아래 옹기종기 모여 열기를 식히고 있었다. 그때 친구가 내게 은근슬쩍 다가와 앉아 나의 어깨를 툭 하고 건드리며 말했다.

「혜민쌤, 남자친구 있는 거 너 몰랐어?」

 그 말은 내 안의 무언가를 단숨에 무너뜨렸다.

 〈그럴 리 없어〉라고 했지만, 얼굴빛은 순식간에 창백해졌다.

「게다가 오래 사귄 사이래.」 친구의 말이 마침표처럼 들렸다.

 세상이 멈춘 듯했다. 그건 분명 실연은 아니었다. 애초에 시작조차 하지 않았으니까, 아니 아직은 시작되어서는 안 되는 관계였으니까. 하지만 그 순간 내가 느낀 건 실연보다 더 깊은 상실감이었다. 잠시 우울에 잠겼지만, 오래 머물지 않았다.

〈지금 당장 내가 할 수 있는 건 아무것도 없어. 그럼 할 수 있는 걸 하자. 공부하고, 성장하자. 언젠가 한 번의 기회가 온다면, 그때 멋진 사람으로 서 있자.〉

그 결심 하나가 나를 지탱했다.

그리고 훗날, 정말로 그 기회가 찾아왔다.

우리의 이야기는 아직 끝나지 않았다.

1년짜리 약속

공군사관학교 합격자들은 1월부터 기초 군사 훈련을 받고 3월에 입학한다. 그 말은 곧 사관학교 합격자는 고등학교 졸업식에 참석할 수 없다는 뜻이기도 했다. 나는 고등학교를 무척 좋아했다. 정확히 말하자면, 학교에 있는 〈누군가〉를 좋아했다.

    11월의 수능이 끝난 뒤에 고3은 대부분 등교하지 않는다. 우리 반 역시 아무도 등교하지 않았다. 언제나 시끌벅적하던 교실에 나 혼자 있었다. 늘 북적이던 복도에는 정적만 감돌았다. 수능이 끝난 후에도 매일 등교했다. 아침에 교무실에 있는 꾹쌤에게 인사 한마디 건네고 싶어서. 인사 한마디 건네는 김에 한마디 안부를 묻고 싶어서. 한마디 안부를 묻는 김에 시답잖은 이야기 한번 나누고 싶어서. 그러고선 텅 빈 교실로 들어가 교탁 앞자리에 앉아 이어폰을 꽂고 음악을 듣고, 책을 읽었다. 그게 내 하루의 전부였다.

그래서 졸업식에 가지 못한다는 사실이 유난히 슬펐다.

꾹쌤의 담임반 학생으로서 함께할 수 있는 마지막 순간을 놓친다는 게 적잖이 마음을 허전하게 만들었다.

그래서 난 기초군사훈련 기간이 지난 4월의 어느 날, 나는 다시 학교로 향했다. 몇 달 전까지만 해도 매일 걷던 길이었지만 발걸음이 이상하게 낯설었다. 공군사관학교 생도는 첫 휴가가 6월쯤이니, 지금의 나는 이곳에 있어서는 안 되는 사람이었다.

예고도 없이 꽃 피는 4월에 찾아온, 나를 마주한 선생님은 어떤 반응을 보일까 궁금해 하며 익숙한 교무실 문 앞에 섰다. 그 앞에서 꾹쌤이 나올 때까지 기다렸다. 얼마 지나지 않아 문이 열렸고, 선생님이 나를 보았다. 그때 선생님의 눈빛은 〈놀람〉이었고, 곧이어 선생님의 눈에서는 눈물이 왈칵 쏟아졌다. 선생님은 급히 코너를 돌아 계단 앞 창가로 갔다. 갑작스레 벌어진 상황에 멍하니 서 있던 나의 어깨를, 함께 간 준영이가 툭 밀며 눈빛으로 신호를 보내며 말했다.

「야, 빨리 가서 위로해 드려야지 뭐 해.」

그제야 정신을 차리고 선생님에게 다가갔다. 연애라고는 해본 적이 없는 숫기 없던, 이제 막 스무 살을 넘긴 한 남자는 좋아하는 사람의 눈물 앞에서 어떻게 행동하면 좋을지 몰라 그저 앞에 서 있어 주었다. 선생님은 잠시 후 평정을 되찾고, 나를 향해 머쓱한 얼굴로 웃으며 말했다.

「너 어떻게 여기 있어? 학교에 있어야 하는 거 아니야?」

「맞아요. 원래는 그래야 맞죠. 근데… 그냥 다니지 않기로 했어요. 자세한 이야기는 다음에요. 근데 왜 우셨어요?」

「음, 나도 자세한 이야기는 다음에. 암튼 이렇게 보니 정말 반갑네. 오늘 수락산역 근처에서 기쌤이랑 저녁 먹기로 했는데, 너랑 준영이도 와. 밥 사줄게.」

그날 저녁, 식탁 위엔 일상적인 대화들이 올랐다. 밥을 다 먹고 나는 꾹쌤을 집까지 바래다주기로 했다. 선생님은 〈괜찮다〉며 손사래를 쳤지만, 늦은 저녁은 위험하다는 핑계를 대고 기어코 함께 걸었다. 봄 저녁의 바람이 차분했다. 왠지 조심스러운 마음에 선생님과 약간의 거리를 두고 걸어가며 다시 한 번 물었다.

「아까는 왜 우셨어요?」

그녀는 잠시 생각하다가 잔잔한 박자로 발걸음을 내딛으며 사뭇 덤덤하게 답했다.

「네 얼굴을 보니까… 작년 애들이 생각나더라. 그때 참 행복했거든. 근데 그런 행복은 끝나면 꼭 어딘가 공허해. 좋은 기억이 많을수록, 그다음 빈자리가 커지더라.」

크나큰 행복의 이면에는 공허함이 있다. 영원히 지속되지 않는 행복에는 허무함이 있다. 모든 교사는 수많은 학생들과의 만남과 이별을 반복한다. 그리고 좋은 기억이 많을수록 떠나보낸 후 남는 공허함의 크기는 크다. 나는 말없이 고개를 끄덕였고 그녀의 발걸음의 속도를 맞추며, 그냥 곁을 걸었다. 때로는 말보다 침묵이 더 많은 것을 말한다. 그녀와 함께 걷는 내내 시간이 더 깊어져 갔다.

그날로부터 얼마 지나지 않아 우리 가족의 독일행이 결정되었다. 떠남의 소식을 전하고 싶은 첫 번째 사람은, 어김없이 꾹쌤이었다. 그녀에게 문자를 남겼다.

「선생님, 저 독일로 이민가요. 출국 전에 한번 뵙고 싶어요.」

잠시 뒤 답장이 왔다. 날짜와 장소, 그리고 〈그래, 기다릴게〉라고 적힌 한 줄.

그날을 위해 미용실로 갔다. 조금만 방치해도 금세 부스스한 더벅머리가 되기 때문에 헤어스타일 관리가 영 쉽지 않다. 옆머리는 깔끔하게 다듬었다. 다운 펌으로 억지로 얌전해진 머리. 내 인생의 첫 〈필살기〉였다. 삶의 어느 순간엔 누구나 자신의 필살기를 꺼내어 쓸 수밖에 없는 것이다.

그다음은 옷가게. 오직 그녀와의 만남을 위해 짙은 회색의 스웨트셔츠 하나를 샀다. 그 위엔 작은 글씨로 적힌 〈Can't take my eyes off you〉 아마 그녀는 눈치채지 못했겠지만, 그 문장 하나에 내 마음을 담았다.

약속한 날, 나는 만나기로 한 장소에 한참 먼저 가서 이어폰을 꼽고 하염없이 기다렸다. 기다림조차 설렘이었기에 그 설렘 속에 가능한 한 오래 머물고 싶었다. 약속한 시간이 다가왔고, 곧이어 저 멀리에 그녀가 보였다. 여느 때와 같이 환한 미소를 띠고, 주변의 공기를 맑게 하는 사람.

우리는 역 근처 수제초콜릿 카페로 들어갔다. 긴장한 나는 앉자마자 주섬주섬 준비해 온 선물을 하나 둘 꺼냈다. 꽃다발, 그리고 편지. 왜 사람은 사랑하는 이를 생각하면 꼭 꽃을 주고 싶고, 편지를 쓰게 되는 걸까. 그녀는 피식 웃으며 받았다. 그녀의 얼굴에 옅은 미소가 피어오른다. 그 미소에, 나의 마음 속 모든 문장이 녹아내렸다.

시간은 훌쩍 지나 있었다. 헤어질 때가 되자, 아쉬움이 가득했지만 나는 결연하게 한마디를 던졌다.

「선생님, 1년 뒤에 돌아올게요. 쌤 보러 딱 1년 뒤에.」

「그래, 알았어.」

믿지 않는 눈치였지만, 그녀는 대수롭지 않게 웃어 넘겼지만 나는 정말로 돌아올 생각이었다. 카페를 나와 함께 걸었다. 거리에는 눈치채지 못한 사이 벚꽃이 흐드러지게 피어 만개해 있었다. 그녀의 집 앞에 벚나무 한 그루가 우두커니 서 있었다. 벚꽃잎이 낙하하며 마지막 춤을 추고 있었다. 그리고 그 아래 그녀와 내가 서 있었다. 그 순간을 기록하고 싶었다. 지나가던 아저씨 한 분께 부탁했다.

「저희 사진 한 장만 찍어주실 수 있나요?」

그 사진은 이후 독일 생활 내내 나의 휴대폰 배경으로 남아 있었다.

결실

독일 생활이 1년을 채우기까지 2개월 남짓 남았을 때, 나는 한국행 비행기 표를 샀다. 한국이 그립다는 핑계로, 친구들이 보고 싶다는 핑계를 대며 표를 마련했다. 1년 전 혼자서 꺼낸 약속의 날짜가 다가오고 있었다. 그게 한국행의 진짜 이유였다. 그녀를 생각하며 암스테르담에서 산 텀블러와 엽서 그리고 파리에서 고른 〈Merci〉 팔찌를 챙겼다. 언제 가도 나의 가슴을 뛰게 만드는 공간인 공항이 이번에는 유독 나를 더 설레게 했다.

    12시간이 조금 넘는 비행은 금세 지나갔다. 짐을 내려놓자마자 학교로 갔다. 그녀를 보고 싶었다. 오늘이 내가 돌아오겠다며 약속한 〈1년〉의 정확한 날이라는 걸, 그녀가 알고 있을 리 없다. 아마 그저 평범한 하루. 그 평범함을 아주 조금은 특별하게 만들어줄 자신이 있었다. 이번에도 역시 교무실 문 앞에서 얌전히 기다렸다. 그녀가 문을 열 때까지.

잠시 후 문이 열리고, 그녀가 나를 보았다. 그녀가 나의 이름을 외쳤다.

「민혁아! 어쩐 일이야!」

이번에는 눈물이 아니었다. 환한 미소였다.

학교에서의 일과가 끝난 후, 우리는 함께 혜화로 향했다. 덜컹거리는 4호선 안에서, 나는 그녀가 몇 달 전 이별을 했다는 사실을 알게 되었다. 누군가 사랑은 타이밍이라고 했다. 1년짜리 약속을 지키려는 일념 하나로 그녀에게 다가선 나에게 이것보다 적확한 타이밍도 없을 것이다. 그런데 이별을 이야기하는 그녀의 얼굴을 마주하고 있으니, 꽤나 힘들어 보이는 그녀를 보고 마음이 편할 수만은 없었다. 그럼에도 그녀가 말했다.

「네가 찾아온 게 선물 같아.」

나는 준비해 온 팔찌를 건넸다.

「선생님 생각하면서 샀어요.」

그녀는 이별 후 주변의 권유로 몇 차례 소개팅을 나갔다고 했다. 서로의 조건을 재고, 건조한 문장을 주고받는 자리가 피곤했다고 했다. 나는 아무것도 재지 않는다고, 그저 〈선생님〉이라는 사람 자체가 좋다고 했다. 그녀는 나의 그 마음을 알 것 같다고 했다. 누구보다 순수하고, 진짜 열정적인 마음. 동시에 그 마음을 자신이 받아도 되는지, 받을 만한 사람인지 생각하게 된다고 했다.

　우리는 혜화를 걸었다. 걷고 또 걸으며 그동안 쌓인 말을 풀었다. 한 사람을 떠올리며 1년을 견뎠던 나에게 돌아온, 아주 정직한 보상 같았다. 그리고 나는 다시 확신했다. 이 사람과 결혼한다면, 정말 잘 살 수 있겠다는 확신. 아직 서로에 대해 모르는 게 많아도, 대화가 잘 통한다는 사실 하나로 충분하다고 믿고 싶었다.

　마로니에 공원 한쪽 구석, 외딴 벤치에 나란히 앉았다. 고개를 들어 하늘을 올려다보니 청회색 하늘 위에 연분홍과 연보라가 섞인 구름이 얇게 펼쳐져 있었다. 우리는 한동안 말이 없었다. 그저 그 하늘을 바라보았다. 사람들은 우리 옆을 스치며 바쁘게 걸어갔고, 도로에서는 쉽게 앞으로 나아가지 못하는 자동차들의 경적 소리가 간헐적으로 울렸다. 후텁지근한 공기를 밀어내는 선선한 바람이 머리칼을 흔들었다. 우리는 침묵이 두렵지 않았다. 그날은 내 인생에서 가장 낭만적인 순간들로 가득했던 하루였다. 집에 돌아와 씻으려는데 그녀로부터 사진 한 장이 도착했다. 그녀의 손목을 감은 〈Merci〉 팔찌. 화면 속 작은 고리 하나가 오래 걸린 약속을 조용히 증명해 주는 듯했다.

　다음 날도, 그다음날도 우리는 시간을 함께 썼다. 홍대 만화책방에 나란히 앉아 한 권씩 꺼내어 책을 펼쳤다. 솔직히 나는 만화의 줄거리는 머릿속에 잘 들어오지 않았다. 그냥 그녀 옆에 있다는 사실만으로 충분했다. 만화책방을 나와 코인노래방에 갔다. 나는 스탠딩 에그의 〈little star〉를, 그녀는 볼빨간사춘기의 〈심술〉을 불렀다. 노래 속 장난스러움이 그녀의 표정에 얹히면, 그 어떤 생명체보다 귀여웠다. 해가 지면 덜컹거리는 마을버스를 타고 노을진 풍경을 바라보며 그녀를 집에 데려다주었다. 이어폰을 한쪽씩 나눠 끼고 멜로망스의 〈선물〉을 들었다. 같은 공간에서, 같은 시간을, 같은 멜로디로 공유했다. 버스에서 내리자마자 아카시아의 향기가 콧속 깊은 곳을 찔렀다.

그녀가 말했다.

「원래 여기 이런 향기가 났었나? 신기하네.」

사람이 품고 있는 감정의 온도에 따라, 그에 상응해 몸의 감각도 깨어나는 것일지도 모른다. 지금도 나는 〈선물〉을 듣거나 〈아카시아의 향기〉를 맡으면 2017년의 그 초여름 밤으로 즉시 옮겨간다. 아마 그녀도 그럴 것이다.

공황의 밤

1년 만에 만난 그녀와 만나던 그 무렵, 나는 개인적인 이유로 일종의 공황을 겪고 있었다. 당시엔 그게 공황이라는 이름을 가진 것임을, 그때는 알지 못했다. 이상하게도 그녀와 함께할 때만큼은 공황의 그림자조차 찾아볼 수 없었다. 반대로, 함께 있지 못할 때면 그 그림자가 짙어졌다.

 가족 모임이 있어 홍천에 있는 별장에 갔다. 그곳에서도 우리는 연락의 끈을 놓지 않았다. 진리에 대한 이야기, 신념에 관한 이야기, 그리고 그대가 보고 싶다는 말. 그녀도 그 마음을 숨기지 않았다. 그날 밤, 일이 터졌다. 갑자기 숨이 턱 막혔다. 가슴이 조여오고, 공기가 탁해진 듯했다. 별장 밖으로 뛰쳐나갔다. 내가 할 수 있는 일은 하나뿐이었다. 그녀에게 전화를 거는 것.

밤 11시가 훌쩍 지난 시각, 불쑥 전화를 걸었다. 갑작스런 전화에도 그녀는 응답했다. 내가 어떤 말로 시작했는지, 내가 무슨 말을 했는지 기억나지 않는다. 다만 내 안의 깊은 곳에서 누군가가, 〈그녀와 연결하라〉고 말했다는 것만 기억난다.

나는 온전한 암흑 속에 있었다. 그 암흑 속에는 오직 〈무〉만 존재했다. 〈아무것도 없음〉 말고는 어떤 것도 느껴지지도 않았다. 실제 내가 있었던 장소가 어두웠다는 뜻은 아니다. 분명 가로등이 있었고, 주변에는 여러 곤충과 동물들의 소리들도 있었다. 그것들이 나의 감각에, 내면에 닿지 않았을 뿐이다.

그때, 목소리가 들려왔다. 그녀의 목소리가.

「민혁아, 나 여기 있어.」

점 하나의 빛이 켜지듯, 목소리가 어둠을 밀어냈다.

다시 그녀가 말한다.

「괜찮아. 다 괜찮아. 지금 내가 같이 있어.」

그러자 발 밑 어딘가 도랑에서 개울물이 흐르는 소리가 아주 희미하게 살아났다. 개구리 우는 소리도 어렴풋이 뒤따라 들리기 시작했다.

그녀는 연신 묻고 물었다.

「지금 앞에 뭐가 보이는지 말해줄 수 있어?」

점광원이 가로등 불빛으로 바뀌고, 주변이 서서히 밝아졌다. 개구리 울음소리는 또렷해지고, 옆에서는 귀뚜라미들이 합창을 얹었다.

「지금 어떤 감정이 드는지 말해줄래?」

그녀의 말이 나에게 와 닿음과 동시에 진한 흙냄새, 진하게 차오른 풀내음이 코끝에 닿았다. 어둠 속에 있던 나는 그제야 홍천 산골의 들꽃이 피어 있는 풀밭 위에 설 수 있었다. 모든 것은 원래 거기에 있었다. 단지 내 감각의 스위치가 내려가 있었을 뿐. 그 스위치를, 그녀의 목소리가 올려주었다.

한참을 더 통화했다. 전화를 끊자마자 메시지가 도착했다.

「잘 때 연락하고 자. 내 이름의 뜻은 〈은혜 혜〉, 〈하늘 민〉이야. 하늘의 은혜. 내가 너에게 줄 수 있는 따뜻함은 다 주고 싶어.」

나는 웃으며 답했다.

「선생님은 저의 〈혜민〉이에요. 그 따뜻함 다 받을게요. 제 이름은 같은 〈하늘 민〉에 〈빛날 혁〉, 하늘에 빛나는 별.」

그녀는 〈넌 정말로 빛나는 별〉이라 말하고 잠들었다. 우리는 서로의 이름을 알려주었다. 이미 알고 있던 그 이름을, 다시 소개받은 그날 밤, 내 마음의 문이 온전히 그녀를 향해 열렸다.

〈이 사람과 결혼하지 않는다면 도대체 누구와 결혼을 하겠어.〉

그 밤, 나는 깊게 잠들 수 있었다. 깊고 평온한 잠을.

나는 지금도 믿는다. 사람의 마음을 치유하는 일은 인간이 할 수 있는 일 가운데 가장 고귀하다는 것을. 마음을 살리는 일은 목숨을 구하는 일과 다르지 않다. 내가 SNS에서 〈유니콘파파〉라는 이름으로 글을 쓰기 시작한 이유도 거기에 닿아 있다. 나와 혜민이 보여줄 수 있는 사랑의 모습으로 세상 사람들이 따뜻함을 마음 속 깊은 곳에 품었으면 해서. 2023년 8월, 뉴스에서는 하루가 멀다 하고 가슴 아픈 소식이 쏟아졌다. 곳곳에서 벌어지는 묻지마 범죄, 스스로 생을 포기한 사람들. 미디어 속 우리 사회는 〈혐오〉, 이 한 단어로 요약되는 듯 보였다. 사람이 사람을 미워하는 세상만큼 슬픈 것이 있을까. 그래서 아주 작고 소박한 마음으로 계정을 만들었다. 우리에겐 아직 사랑이 남아 있다고, 그 사랑이 들어갈 자리가 있다고, 사랑이 사람의 마음을 치유할 수 있다고. 그날 홍천의 밤에 그녀가 나의 마음을 보듬어준 것처럼, 사람이 사람의 마음을 살리는 사회이기를 소망한다.

고난 끝에 행복이 있나니

그 후 며칠도, 우리는 함께였다. 다만 세상일이 늘 그렇듯, 시련 없이 지나가지는 않았다. 어느 날, 짧은 문자가 도착했다. 발신인은 혜민.

「민혁아, 당분간 만나지 않는 게 좋을 것 같아. 지금은 혼자 시간이 필요해. 지금은 때가 아닌 듯해.」

순간 심장이 지하 깊숙한 곳까지 수직 강하하는 기분이 들었지만, 나는 곧바로 답장을 보냈다.

「말씀대로 할게요. 너무 힘들어하지 마세요. 선생님이 힘든 건 싫어요. 다 이해해요.」

그녀와의 연결이 끊겼다. 갑작스런 단절이었기에 현실감이 없었다. 전날까지도 함께 웃었기에 더 낯설었다. 그래도 알았다. 그녀에게도 넘어야 할 고비가 있음을. 나는 한때 그녀의 학생이었고, 그녀는 나의 선생님이었으니까.

그 시간을 나는 버티는 쪽을 선택했다. 언제 올지 모를 연락을 기다리며 말 그대로 식음을 전폐했다. 모든 것이 무기력해지고 어디도 나가고 싶지도 누구를 만나고 싶지도 않았다. 목소리를 듣고 싶다는 마음이 수시로 밀려왔지만 참았다. 이미 내 마음이 소란스러웠던 터라, 주변의 모든 소음을 차단했다. 휴대전화의 모든 소리를 껐다. 모든 알림을, 모든 벨소리를 꺼두었다. 단 하나의 소리만 빼고. 그녀의 연락만 소리가 나도록 했다. 언젠가 들릴 그 한 번의 음을 하염없이 기다렸다.

시간은 길게 늘어졌다. 그저 누워서 시간이 가는 대로 내버려 두었다. 그러다 문득, 그녀에게 편지를 쓰고 싶어졌다. 보내지 않을 편지. 책상 위에 놓인 공책에 손을 뻗고, 종이를 북 찢어 그녀에게 하고 싶은 말을 적었다. 적다 보니 감정이 조금씩 정리되었다. 일기를 쓰기 시작했다. 그때 남긴 일기 중 하나가 눈에 들어온다.

기약 없는 기다림은 잔인하다. 희망이 1%라도 남아 있으니 포기할 수도 없다. 언제 끝날지 모르는 사이에서 기다리는 일. 잠들기 전, 우리가 나눴던 문자를 다시 읽었다. 읽을 때마다 나도 모르게 웃는다. 많이 행복했나 보다. 그 기억 하나를 가지고 있는 것만으로도 행복하다. 선생님이 말한 〈그럼에도 불구하고〉 사랑. 그 사람이 실망을 줘도, 떠나가도, 어떤 짓을 해도 사랑하는 것. 나는 선생님을 〈그럼에도 불구하고〉 사랑하나 보다.

 기다림이 시작된 지 11번째 밤이었다. 〈띵〉 한 번의 청량한 소리가 났다. 나에게 알림음이 울릴 경우의 수는 단 하나였다. 그 소리만으로도 많은 걸 알 수 있었다. 구속에서 풀리는 기분. 그 알림음 뒤에 어떤 내용이 담겨 있을지 확인하기도 전에, 왠지 나는 알았다. 이 알림이 나에게 무한의 깊이로부터 긍정의 메시지를 전달해줄 것이라는 것을 왠지 모르게 알 수 있었다.

 전화를 걸었다. 마침 그녀는 볼 일이 있어 내가 머물던 곳 근처에 와 있었다. 만나러 가도 되냐고 물었고, 허락을 받았다. 그날, 그녀를 집까지 바래다주었다. 그간의 이야기들을 다 꺼냈다. 그녀가 말하지 않아도 알 수 있었다. 내가 그녀를 향해 갖고 있는 감정을, 그녀도 나를 향해 갖고 있다는 것을.

 그녀는 집 앞에서도 들어가지 않고, 한동안 동네를 빙글빙글 돌았다. 마치 보이지 않는 결계가 집으로 들어가는 길을 막고 있는 것처럼, 그녀는 나와 함께 있었다. 그녀와 같이 있을 때에는 둘만의 공간으로 가는 것 같은 느낌이 든다. 주변의 배경이 소리 없이 물러나고, 둘의 목소리만 남는 곳으로 들어가는 느낌이 든다. 그 느낌이 참 좋았다. 헤어지기 직전, 나는 희대의 어색함이 담긴 대사를 말하고 말았다.

「선생님, 이제 저를… 포옹해 주세요.」

연애를 해본 적 없는 사람의 문장이었다. 나로서는 그녀를 어떻게 안을지도, 어떻게 손을 잡을지도 몰랐다. 그래서 그냥 말해버렸다. 그녀는 왈칵 웃었다. 〈포옹〉은 없었다. 그래도 괜찮았다. 나는 세상을 다 가진 사람처럼 뒤돌아섰다.

그날 나는 그녀의 연락을 기다릴 때 그녀에게 읽어주고 싶던 시를 꺼냈다.

나태주 〈오늘의 약속〉
덩치 큰 이야기, 무거운 이야기는 하지 않기로 해요
조그만 이야기, 가벼운 이야기만 하기로 해요
아침에 일어난 낯선 새 한 마리가 날아가는 것을
보았다든지
길을 가다 담장 너머 아이들 떠들며 노는 소리가 들려
잠시 발을 멈췄다든지…
남의 이야기, 세상 이야기는 하지 않기로 해요
우리들의 이야기, 서로의 이야기만 하기로 해요
지나간 밤 쉽게 잠이 오지 않아 애를 먹었다든지
하루 종일 보고픈 마음이 떠나지 않아 가슴이
뻐근했다든지…
실은 우리들 이야기만 하기에도 시간이 많지 않은 걸
우리는 잘 알아요…
그게 오늘의 약속이에요.

나는 언젠가 그녀에게도 멋진 시 한 수를 쓰고 싶다고 했다. 그러자 그녀는 이미 내가 그녀의 삶 위에 시를 쓰고 있다고 했다.

이렇게 언제까지나 함께 있고 싶다는 마음과는 달리, 나는 다시 독일로 돌아가야 했다. 11일 만의 연락이 온 뒤 출국까지 일주일 남짓의 시간이 주어졌다. 우리는 남은 순간을 아낌없이 썼다. 마음껏 행복했다. 독일로 돌아가기 전날 밤, 우리는 다시 혜화로 갔다. 낙산공원을 올랐다. 서울의 야경을 내려다보며 약속했다. 함께 있지 못하는 시간도 잘 견디자고. 서로의 사랑을 믿으니 잘 참고 버티자고. 변치 말자고.

다음 날, 나는 다시 하늘 위에서 11시간을 가른 끝에 독일에 도착했다.

8시간의 거리, 8,500킬로미터의 약속

독일 땅에 다시 발을 내디딘 순간부터 우리는 장거리 연애, 일명 〈롱디〉를 시작했다. 매일같이 그녀의 얼굴을 보고, 손을 잡고, 〈포옹〉하고 싶었지만, 서로의 마음이 같은 방향을 향한다는 확신이 있었기에 물리적 거리는 그리 중요하지 않았다.

우리 사이엔 8시간의 시차가 있었다. 내가 아침 8시에 눈을 뜰 때, 그녀는 오후 4시. 막 학교에서의 일과가 끝나 퇴근할 시간이다. 그러면 나는 전화를 걸었고, 통화는 그녀가 잠에 들 때까지 이어졌다. 거의 매일 8, 9시간씩 이어지는 통화. 그러나 우리는 그 시간을 지루해하거나 아까워한 적이 없었다.

휴대폰 너머로 들려오는 서로의 목소리만을 매개로 하여 하루의 리듬이 맞춰졌다. 이어폰 너머의 숨소리와 말 한마디로 함께 산책을 했고, 내가 보는 풍경을 사진으로 찍어 보내면 그녀는 나의 시선을 공유했다. 때로는 말없이 걷거나 책을 읽었고, 그 침묵마저도 우리를 이어주는 다리였다. 그러다 그녀가 새근새근 잠드는 소리가 들려오면, 통화 종료 버튼을 누르는 손끝마저 조심스러웠다. 마치 그 소리가 그녀의 잠을 깨울까 두려운 듯이.

그녀가 잠들면 나는 편지를 썼다. 하루도 빠짐없이. 다음 날 아침, 그녀가 눈을 뜨며 내 글을 읽고 미소 짓기를, 기분 좋은 하루를 시작하기를 바랐다. 그녀에게 보낸 편지가 대략 20통쯤 쌓였을 무렵, 그녀의 들뜬 목소리가 전화 너머로 전해졌다.

「우리 곧 만나게 될 거야.」

마음을 열어 우리의 관계를 받아들이기까지가 힘들었을 뿐, 결심한 그녀는 마치 불도저와 같았다. 내가 그녀가 보고 싶은 만큼 그녀 역시 내가 보고 싶어 참을 수 없다고 했다. 한 번도 혼자 비행기를 타본 적 없는 사람이, 11시간 넘는 하늘 길을 건너오기로 했다. 그런 그녀가 참 고마웠고, 또 믿기지 않았다. 다시 그녀와 〈실제로〉 곁에서 함께할 수 있다는 생각에 무척이나 기뻤다.

우리는 함께 동유럽을 여행하기로 했다. 오스트리아 잘츠부르크와 오버트라운, 헝가리 부다페스트, 체코 프라하. 함께 여행 계획을 세우며 한껏 설레던 어느 날 문득, 내 머릿속에 떠오른 하나의 생각에 그림자가 스쳤다.

〈엄마에게 말해야 한다.〉

〈선생님이었던〉 그녀가 나와 연애 중이라는 것, 그리고 그녀가 나를 만나기 위해 독일로 날아와 함께 동유럽 여행을 할 거라는 사실을 말할 시기가 됐다는 생각.

굳이 말하지 않아도 될 일이었지만, 그때는 이상하리만큼 〈이제는 말해야 할 때〉라는 예감이 들었다. 그리고 그녀 역시 같은 생각이었다. 우리는 그녀가 독일에 도착하는 날, 엄마를 만나 우리의 이야기를 나누기로 했다.

며칠 뒤, 나는 일을 마치고 현관으로 들어서고 있는 엄마에게 둘이 와인을 마시러 가자고 제안했다.

「오늘은 제가 사드릴게요.」

한껏 지쳐 있던 엄마의 표정에서 한 줄기 웃음이 떠오른다. 그런 엄마의 간만의 환한 미소를 보고 마음 한편이 저릿했다. 동네 근처의 와인바에 자리를 잡았다. 와인 한 잔씩 주문을 하고선 엄마가 나에게 묻는다.

「우리 아들이 사주는 와인을 마시는 날도 오네. 오늘 안 그래도 너무 피곤했는데, 고마워 아들.」

목구멍을 타고 와인이 한 잔, 두 잔 넘어갔고, 우리의 대화는 무르익어갔다. 유럽이라는 먼 대륙, 독일이라는 타지에서 사는 것에 대한 고충을 서로 털어놓으며 위로받기도 하고, 시시콜콜한 이야기를 나누기도 했다. 그리고 때가 되었다. 잔이 몇 번 비워

질 무렵, 살짝 오른 취기가 주는 약간의 침묵을 깨며 나는 마음속에 준비한 말을 꺼냈다.

「엄마, 사실 오늘 와인을 사드리겠다고 한 이유가 있어요. 드릴 말씀이 있거든요.」

꽤나 진지한 표정으로 조심스레 말을 꺼내는 나를 바라보는 엄마의 눈빛이 처연하게 흔들린다. 아니, 어쩌면 테이블 위의 흔들리는 촛불이 엄마 눈에 반사된 것이었을지도 모른다. 나는 말을 이어나갔다.

「저… 결혼하고 싶은 사람이 생겼어요.」

그때 나는 스물한 살이었다. 예상과 달리 엄마의 표정은 짐짓 담담한 듯 보였다. 그러고는 아주 차분한 목소리로 물었다.

「선생님이니?」

그 한마디가 우리가 마신 와인보다 더 깊게 내려앉았다. 결혼하고 싶다는 말을 꺼냈을 뿐인데 엄마는 곧바로 누구를 향한 마음인지 알아챘다. 생각해보면 그리 놀랄 일이 아닐지도 모른다. 학창 시절부터, 독일에 와서도 엄마에게 그녀에 대한 이야기를 자주 했었으니까. 그리고 내 휴대폰의 배경 역시 그녀를 향한 나의 마음을 잔뜩 표현하고 있었으니까.

나는 고개를 끄덕이며 말을 이어나갔다. 올여름에 그녀가 나를 만나러 이곳으로 온다고 덧붙였다. 엄마는 한동안 말이 없었다. 나의 순애보가 〈짝사랑〉이 아닌 서로의 마음으로 이어졌다는 사실이 쉽게 받아들여지지 않았을 것이다.

그날 밤, 우리는 그녀가 도착하는 날 세 사람이 함께 만나기로 약속했다. 집으로 돌아오는 길, 나는 와인을 사주던 아들을 향해 웃던 엄마의 얼굴을 떠올렸다. 죄책감인지 무엇인지 모를 감정이 나의 심장 속으로 무겁게 스며들었다.

그녀가 비행기에서 내렸다는 메시지는 연락이 끊긴 지 12시간이 지나 도착했다. 나는 이미 2시간 전부터 공항에 나와 있었다. 그녀를 볼 수 있다는 설렘으로 인해 도저히 가만히 있을 수가 없었기 때문이다. 출국장 문이 열리고 머릿속으로만 그리던 그녀의 실루엣이 보였다. 연인이 된 지 일주일여 만에 멀리 떨어져야 했던 우리는 우리가 처음 만났던 땅으로부터 약 8,500킬로미터 떨어진 곳에서 재회했다. 오랜만에 얼굴을 마주한 그녀에게서 사뭇 수줍은 분위기가 은은하게 뿜어져 나왔다. 내 눈을 똑바로 바라보지 못하는 것 같았고, 말투에서도 어딘지 모를 조심스러움이 느껴졌다. 이제 그녀가 나를 학생이 아닌 한 남자로, 사랑하는 사람으로 받아들였다는 것을 느꼈다.

그녀의 손에 붙들려 있는 캐리어를 받아들고 나의 손을 내밀었다. 우리의 두 손이 닿았다. 우리는 엄마를 만나기로 한 프랑크푸르트 중앙역으로 장소를 옮겼다. 짐을 캐비닛에 넣고, 그 앞을 한동안 떠나지 못했다. 엄마를 만나는 시간이 다가올수록 그녀와 나의 심장 박동이 한 박자씩 빨라졌다. 우리는 닿은 두 손으로 전해지는 서로의 온기를 버팀목 삼아 엄마를 기다렸다. 얼마 후 전화가 울렸다. 스마트폰 너머로 엄마의 목소리가 울렸다. 나에게 가장 익숙한 편안함을 주는 목소리가. 거의 다 왔다고 말하는 나에게 우주를 선물해 준 엄마의 목소리가.

 나는 그녀의 손을 꼭 붙잡고 캐비닛 앞을 떠났다. 코너를 돌자 저 멀리 엄마의 실루엣이 어렴풋하게 아른거렸다. 지금껏 내 인생에서 가장 사랑한 여인이 걸어온다. 나와 앞으로 평생을 함께할 여인을 향해.

사랑의 최전선, 8월의 유럽

우리 셋은 중앙역의 한 에스프레소 바 구석에 자리를 잡았다. 메뉴를 주문하기도 전에 엄마는 잠시 자리 좀 비켜 달라고 했다.

「너 말고, 우리 둘이 먼저 이야기 좀 하자.」

나는 두세 테이블 정도 떨어진 곳에 혼자 앉아 두 여인의 모습을 한 컷에 담아 바라보았다. 처음엔 담담히 둘의 대화가 시작되는 듯했다. 그런데 곧 혜민의 눈에 눈물이 맺히는 것이 보였다. 눈물은 조용히, 그러나 멈추지 않고 흘렀다. 내 자리에서는 엄마의 얼굴이 보이지 않았다. 엄마가 무슨 표정을 짓고 있는지 알 수 없었다. 그녀가 흘리는 눈물이 의미를 짐작할 수 없었다. 귀를 기울여보아도 둘의 목소리는 들리지 않았다. 사랑을 얻기 위해선 기다림을 견뎌야 하는 것인가 보다. 나는 또다시 기다리고 있었다. 그저 시간만이 천천히 흘렀다.

얼마 지나지 않아 엄마가 나를 불렀다. 나는 지체하지 않고 두 사람 곁으로 향했다. 한참 나눈 대화의 내용은 묻지 않았다. 엄마는 아무 일도 없었다는 듯 시시콜콜한 이야기를 이어갔다. 무슨 이야기를 나누었는지, 하나하나 묻고 싶은 마음은 굴뚝같았지만 꾹 참고 어색한 미소를 지으며 자연스럽게 대화에 섞였다. 그러던 중, 엄마가 불쑥 말했다.

「둘이 즐겁게 여행하고 오렴. 나는 일이 있어서 먼저 일어날게.」

그 말 한마디로 모든 게 끝났다. 엄마는 나와 그녀를 등 뒤에 둔 채 발걸음을 옮겼다. 한동안 멀어져 가는 엄마의 뒷모습을 바라보던 나에게 그녀가 조용히 말했다.

「사실 나, 어머님이 우리의 만남을 허락하지 않으신다면 그게 맞다고 생각했어. 그래서 난 어머님이 반대하신다면 바로 다시 한국으로 돌아갈 생각이었어. 그런데 어머님이 하신 첫 말이 〈두 사람, 정말 잘 어울리네요. 예쁘네요〉였어. 이 자리에 나오기 바로 전까지도 주변 사람들은 우리 둘을 절대 허락하지 말라고 했는데, 어머님은 우리 둘이 손잡고 서 있는 모습을 보시고는 도저히 반대할 수가 없다고 하셨어.」

그녀의 눈에 맺혔던 눈물의 이유를 그제야 알았다. 한국에서 비행기에 오를 때부터 긴장과 불안으로 잔뜩 움츠려들었던 그녀의 마음이 녹아내리며,

안도의 따뜻함이, 어머니의 따뜻한 말과 그보다 더 따뜻한 웃음으로 인해 눈물로 흘러나온 것이었다.

우리는 한결 가벼워진 마음으로 둘만의 여행을 시작했다. 첫날은 프랑크푸르트의 한 숙소에 머물렀다. 우리는 나란히 누워 앞으로의 우리의 이야기를 그려보았다. 열네 밤에 걸쳐 있을 유럽 여행 그리고 그 뒤에 펼쳐질 삶, 그리고 아직 이름 붙이지 못한 미래의 풍경까지. 밤늦도록 캄캄한 천장을 하얀 캔버스 삼아 그림을 그리다 처음으로 서로의 입술을 맞댔다. 그 순간, 세상의 모든 소음이 멎은 듯했다. 사람의 입술이 그토록 부드럽다는 걸 처음 알았다. 그 여운이 너무 진해, 나는 좀처럼 오래 잠들지 못했다.

여행은 매 순간이 빛으로 남아 잊지 못할 순간의 연속이었다. 그중에서도 오버트라운에서의 새벽이 가장 또렷하다. 프랑크푸르트, 잘츠부르크를 거쳐 도착한 오스트리아의 작은 산골 마을 오버트라운. 유명한 할슈타트 호숫가에 맞닿은 곳에 위치한 숙소에서 우리는 며칠을 머물렀다. 사위가 온통 신록으로 둘러싸인 풍경도, 마치 거울 같은 청명함으로 도시를 반사하는 호수의 수면 그리고 나란히 자전거를 타고 그 사이를 관통하며 내달리는 우리의 모습. 우리는 그림 속의 한 장면이 되었다.

새벽 2시가 조금 넘은 시각이었다. 잠이 오지 않아 호숫가를 향해 나 있는 투명한 창을 열고 발코니로 나갔다. 차가운 공기가 맨발을 타고 올라왔다. 별 안간 추위에 어깨를 잔뜩 움츠리며 고개를 들어 하늘을 바라보았다. 순간 나는 아무 말도 할 수 없었다. 그곳엔 말로 다할 수 없는 장관이 있었다. 그 광경으로부터 시선을 떼지 못한 채 방 안에 있는 그녀를 손짓해 불렀다. 그녀도 나를 따라 고개를 들어 하늘을 올려다보았다.

「와…」

그녀의 입에서 새어나온 한마디 감탄. 그게 전부였다. 그런 광경을 목전에 두고서는 어떠한 설명도 할 수 없다. 어떤 언어로도, 어떤 묘사로도 설명할 수 없는 풍경이 눈앞에 펼쳐져 있었다. 은하수였다. 우리의 시선 끝에는 은하수가 있었다. 마치 검은 하늘에 우유를 흩뿌려 놓은 길 같다고 하여 영어로는 밀키웨이. 수천, 수만 개의 별들이 만들어낸 강.

자연의 거대함 앞에서 인간은 얼마나 작고, 또 얼마나 아름답게 무력한 존재인가. 『코스모스』 표지 사진처럼 그곳에는 별이 있었다. 셀 수 없이 많은 별들이 있었다. 그저 밤이 다 지나갈 때까지 그 자리에 주저앉아 별들을 하나, 둘 세어보고 싶다는 생각이 들었다. 그녀의 눈동자 속에도 별이 비쳤다. 우리는 그 별 아래에서 사랑을 속삭였다. 그 순간만큼은, 세상의 모든 별이 우리를 비춰주는 것 같았다.

며칠 뒤, 우리는 헝가리의 부다페스트로 향했

다. 7월의 부다페스트는 한낮 기온이 40도를 웃돌았다. 도저히 밖을 나가 돌아다닐 엄두가 나지 않아 우리는 해가 질 때까지 숙소를 벗어나지 않았다. 뉘엿뉘엿 저녁 햇살이 겔레르트 언덕으로 기울 무렵, 그제야 밖으로 나섰다.

아스팔트에서 올라오는 뜨거운 열기가 발바닥을 태웠고, 머리칼을 스치며 불어오는 후끈 달아오른 바람을 뚫고 우리는 시타델라로 향했다. 북적이는 어부의 요새 대신, 한적하고 고요한 언덕길을 택했다. 그러나 생각보다 그 길은 험했다. 가로등 하나 없는 산길을 휴대폰 플래시 불빛에 의지해 올랐다.

땀을 뻘뻘 흘리며 도착한 정상에서 우리는 하이네켄 한 병을 나눠 마셨다. 살면서 그렇게 달콤한 맥주는 처음이었다. 벤치에 앉아 날리는 시원한 바람을 벗 삼아 두런두런 이야기를 나누었다. 내려가는 길에 그녀가 조금 지쳐보였다. 마침 작은 정원이 보였다. 우리는 그곳의 낮은 돌담 위에 나란히 걸터앉았다. 그녀의 뒤로는 온 벽면으로 오렌지 빛을 반사하고 있는 국회의사당의 모습이 희미하게 비쳤다.

한동안 그녀는 다리를 모으고 동그마니 앉아 있었다. 말이 없었다. 무엇인가를 오래 생각하는 듯했다. 나는 가만히 기다렸다. 이윽고 그녀가 고개를 돌려 나를 바라보았다. 사뭇 진지한 어조로 그녀가 말을 꺼냈다.

「민혁아, 나는 너를 만나러 여기까지 와서 함께

여행한 시간이 정말로 행복한 순간들의 연속이었어. 앞으로 이 기억 하나로도 평생 살아갈 수 있을 거 같아. 근데, 내가 처음 말했듯이, 어머님이 우리의 만남을 반대하신다면 뒤도 돌아보지 않고 떠날 생각이었어. 진심이었어. 아직 앞길이 긴 너에게 짐이 되고 싶지 않았어. 그리고 그 마음은 지금도 같아. 그러니까… 너에게 좋은 결정을 해. 네가 행복한 결정을.」

그녀의 목소리에는 진심이 담겨 있었다.

「네가 생각해보고 나를 떠나는 결정을 내린다고 해도 난 정말 너를 이해할 수 있어.」

주황빛 조명이 그녀의 얼굴을 따뜻하게 감쌌다. 나는 한동안 아무 말도 하지 않았다. 대신 그녀를 조용히 끌어안았다. 그리고 짧게 답했다.

「당신이랑 함께 있는 게, 내가 행복해질 수 있는 가장 빠른 길이에요.」

그녀의 눈이 반짝였고, 나트륨등 아래에서 우리는 다시금 입을 맞추었다.

그 밤, 시타델라 아래 작은 정원에는 우리의 숨소리와 멀리서 울던 부엉이의 울음소리만이 맴돌았다.

리턴 티켓 없는 비행

2주간의 여행을 마치고 혜민은 다시 새로운 학기를 준비하기 위해 한국행 비행기에 몸을 실었다. 배웅하기 위해 나간 공항에서 탑승구로 들어서는 그녀의 뒷모습을 바라보다 한참을 있었다. 그녀는 한국에서의 일상으로 돌아갔다. 그리고 나는. 그리고 나는…?

앞으로 무엇을 해야 할지 떠올려 보았을 때, 머릿속의 빈칸을 차지한 건 단 하나였다. 그녀와 결혼해야 한다. 그 생각 말고는 그 어떤 생각에도 틈을 내어줄 수 없었다. 그래서 다시 한국행 비행기를 끊기로 마음먹었고 그 결심을 행동으로 옮기기 전에 엄마와 이야기해야 했다.

엄마에게 말했다. 스물한 살짜리 당신의 아들은 이제 한 여자와 결혼을 하기 위해 한국으로 돌아가고자 한다고. 엄마는 당연한 질문을 했다. 〈뭐가 그리 급하니?〉라고.

엄마의 시선 아니 세상의 시선으로 바라보았을 때 당시의 나는 〈결혼할 준비〉가 되어 있지 않은 상태였다. 아직 대학도 졸업하지 않았고, 벌이가 마땅한 것도 아니고 가진 돈이 많지도 않았다. 무엇보다 너무 어렸다. 그렇지만 나는 결혼에 대한 의지를 굽히지 않았다. 그럼에도 물러서지 않았다. 논리로 반듯하게 설명할 자신은 없었지만, 잘 해낼 거라는 확신은 분명했다. 그녀와 결혼해서 그 누구보다 행복하게 살 자신이 있었다. 그리고 지금은 어릴지 몰라도, 나라는 사람이 가진 잠재력은 그 누구보다 크다고 믿었다.

무엇보다도 그녀에 대한 확신. 나의 상황, 조건을 보지 않고 나라는 〈사람〉 자체를 바라봐주는 그녀에 대한 확신이 있었다. 우리는 알았다. 우리 둘의 사랑만으로도 우리는 잘 살고 있다고. 세상의 기준에는 미치지 못하더라도 우리는 서로의 존재만으로 충분히 〈행복〉할 수 있다는 것을. 엄마는 나보다는 그녀를 더 걱정했다.

「그 아이는 너보다 훨씬 좋은 조건의 사람을 만날 수 있을 사람인데… 혹여나 고생하지 않을까, 그게 걱정이야.」

나는 말했다. 「그녀 옆에는 제가 있어야 그녀가 행복해요.」

자식 이기는 부모 없다는 말이 있듯이, 몇 주 뒤

나는 한국행 비행기에 올랐다. 사실 그 몇 주 동안 엄마와 수차례 마찰이 있었다. 평생 다툼 한 번 없던 관계였기에, 그 기간에 내가 느꼈던 죄책감은 너무나 컸다. 엄마의 마음에 상처가 난다는 것을 알면서도 내 뜻을 굽히지 않았고, 결국 엄마가 마지못해 허락한다는 것을 알면서도 짐짓 모른 척 지나갔다. 나중에 내가 행복하게 사는 모습을 보여드리면 된다. 모든 부모는 자식의 행복을 바라니까, 그 당시 내가 가장 앞세웠던 명분이었다.

그리고 지금, 딸 하나 아들 하나를 둔 두 아이의 부모가 된 나는 그때를 떠올리며 비로소 안다. 부모는 정말 자식이 행복하기를 바란다. 동시에, 내가 그 당시에 엄마에게 얼마나 큰 아픔을 주었을지도 이제야 실감이 난다. 그 생각을 떠올릴 때마다 마음 한편이 찌르르하다. 그럼에도 지금의 내 삶을 가장 크게 축복해주는 사람 역시 엄마다. 그런 엄마에게 고맙다. 아마 죽어서도 다 갚지 못할 것이다.

아무튼 그렇게 한국으로 돌아온 이번 비행은 독일로 돌아가는 티켓이 없는, 말 그대로 리턴 티켓 없는 비행이었다. 가족이 모두 독일에 있어 한국에서는 머물 곳이 없었던 나는 학창 시절부터 드나들던 친한 친구의 집으로 들어갔다. 그 친구의 어머님은 나를 정말 잘 챙겨주시는 분이었다. 나의 사정을 듣자마자 흔쾌히 먼저 와서 지내라며 흔쾌히 문을 열어주셨다. 그때 받은 마음도 역시 평생 잊지 못할 종류의 사랑이다.

한국에 돌아오자마자 우리는 하루가 멀다 하고 붙어 지냈다. 아침 일찍 만나 자정이 넘은 시각 헤어졌다. 잠깐 눈 붙인 뒤 다시 마주 앉는 날들의 반복. 차라리 빨리 결혼하자는 생각이 자연스레 고개를 들었다. 이제 남은 관문은 예비 장인어른, 장모님을 뵙는 일.

먼저 장모님과 혜화에서 식사자리를 가졌다. 장소는 우리가 늘 가던 돈가스 집이었다. 첫 대면이었지만 이상하게도 긴장되지는 않았고, 내가 자랑할 수 있는 자신감 있는 모습, 그 모습 하나를 보여드리려 노력했다. 주문한 식사가 나올 때까지 기다리는 시간, 식사를 할 때 그리고 혜민이 잠시 자리를 비워 단둘이 남은 순간에도, 대화는 물 흐르듯 이어졌다. 식사 후 전통 찻집으로 옮겨 미숫가루와 라테를 마시며 셋의 환한 웃음이 담긴 셀카를 남겼다.

얼마 뒤, 본격적으로 결혼에 대한 이야기를 나누기 위해 그녀의 집으로 갔다. 혜민이 자신이 먼저 들어가 말씀을 드리겠다고 했다. 그래서 그녀의 집 현관문 앞, 불 꺼진 계단참에 앉아 한참을 기다렸다. 그냥 있는 그대로의 나의 모습을 보여드리자, 나는 반드시 잘 해낼 사람이다. 그런 다짐을 조용히 다졌다.

잠시 후 문이 열렸고, 붉게 상기된 눈을 하고서

그녀가 나왔다. 나는 부엌의 긴 테이블 앞에 앉아, 이제껏 이 세상의 누구보다 내가 사랑하는 여인을 먼저 사랑해온 두 사람, 그녀의 부모님을 마주했다. 최대한 정직하게, 나는 그녀와 분명 행복할 것이라는 것, 내가 어떤 삶을 바라보는지, 그녀와 함께라면 왜 행복할 수 있는지 말하는 데 집중했다.

그날 나중에 들은 이야기. 그녀는 먼저 집에 들어가서 부모님 앞에서 눈물을 뚝뚝 흘리며 말했다고 한다.

「이 사람이랑 결혼해야겠다는 생각이 바로 들었어. 이 사람이 아니면 안 되겠다는 생각이 들었어. 이 사람과 결혼하지 못한다면, 앞으로 평생 누구와도 결혼하지 못할 것 같다는 생각이 들었어.」

말없이 듣고 계시던 장모님이 한마디만 하셨다고 한다.

「내가 너희 아빠를 봤을 때 들었던 생각이랑 똑같네. 그러면 결혼해야지, 어떡해.」

그러니까 내가 열심히 나의 생각과 미래에 대한 큰 포부를 늘어놓기 전에 이미 이 결혼에 대한 허락은 떨어져 있던 것이다. 나를 믿고 그 모든 용기를 내어준 아내가 고마울 뿐이다. 그렇게 우리는 함께, 〈결혼〉이라는 길에 발을 들여놓았다.

다이아몬드의 계절

우리는 먼저 날짜를 정했다. 2017년 12월 23일.

만난 지 7개월이 되던 때였다. 나는 그 날짜가 유난히 마음에 들었다.

어려서부터 크리스마스 시즌만 되면 이유 없이 설레었다. 교회를 다녀서라든지 선물을 기대해서가 아니었다. 단지 그 시기가 주는 공기와 불빛, 겨울밤의 냉기 속 분명하게 느껴지는 따뜻한 온기 때문이었다. 1월보다는 12월을, 아침보다는 밤을 좋아하는 내 성향도 한몫했을 것이다. 늘 새로움의 시작이 주는 부담보다, 마무리의 고요와 안정이 더 어울렸던 나는 크리스마스를 기다리며 한 해를 살았다. 이제 그 시기를 좋아할 이유가 또 하나 생긴 셈이다. 우리의 결혼기념일, 크리스마스이브 그리고 크리스마스.

흔히들 〈싸우지 않는 커플도 결혼 준비하며 대

판 싸운다〉지만, 적어도 우리에겐 적용되지 않는 말이었다. 가진 것이 넉넉하지 않았음에도 모든 과정을 즐겼다. 서로가 가진 생각, 삶을 바라보는 가치관이 맞았기에 즐길 수 있었다. 우리는 모두 삶의 가장 중요한 가치를 돈이나 물질적인 것, 겉으로 남들에게 보이는 것에 두지 않았다. 그저 둘이 함께할 수 있다면 충분한 우리였다.

그렇다고는 해도 사실 그 시절을 떠올리면 그녀에게 미안한 마음이 앞서는 것이 어쩌면 당연하다. 여자라면 누구나 한번쯤 꿈꾸었을 웨딩의 모습이 있을 테지만, 그녀는 정말 단 한번도 그런 로망을 내비치지 않았다. 나를 향한 배려였을 것이다. 어쩌면 마음 속 어딘가에는 있었을지도 모르지만, 티끌만큼의 티도 내지 않았다. 그래서 나는 여전히 그녀에게 감사하다.

말 그대로 〈셀프 스몰 웨딩〉이었다. 거의 모든 과정을 우리가 직접 준비하고 찾아다니는. 결혼 비수기인 12월, 대관료가 무료인 결혼식장을 찾아 헤맸고. 스튜디오 촬영 대신 웨딩사진은 당시 혜민의 학교 동료 선생님 중 취미로 사진을 찍는 분에게 식사 한 끼 대접하며 부탁드렸다. 올림픽공원에서 열심히 사진을 찍었다. 의상과 소품 모두 우리가 소박하게 조금씩 준비해왔다. 우리는 땀에 젖고 지쳤지만 끝까지 웃었다. 초라하다고 하면 초라한 웨딩사진이었지만 우리에겐 그 어떤 사진보다 빛났다. 아무리 힘들어도 서로의 얼굴을 바라보면 웃음이 새어 나왔다. 그것으로 버틸 수 있었고, 그것으로 충분했다.

    남은 건 프로포즈였다.
    검색창에 〈프로포즈〉를 입력하자마자 현실감이 사라졌다. 인터넷 화면을 통해 확인할 수 있는 여러 사람들의 프로포즈 후기들. 프로포즈하기 위해 구매한 반지의 가격을 보고 나는 숫자 0이 실수로 몇 개 더 들어가 있는 줄 알았다. 그에 반해 내 통장에 남아 있는 돈은 단돈 10만 원이 전부였다. 어쨌든 난 프로포즈를 해야 한다. 다시 검색창에 〈프로포즈 목걸이〉를 쳤다. 여러 상품이 눈에 들어온다. 〈최저가순〉으로 정렬하자, 정확히 9만9천 원짜리 상품이 화면 상단에 떴다. 나름 다이아가 박힌 목걸이라는 상품의 상세 설명서를 꼼꼼하게 읽어보고 괜히 웃음이 났다. 그렇게 나는 전 재산을 털었다. 하지만 진짜 프로포즈 준비는 이제 시작이었다.
    우리가 8시간의 시차를 두고 연애를 하던 시절, 그리고 그 기간 동안 그녀가 먼저 잠들면 하루도 빠짐없이 매일 써 보냈던 편지. 그 편지를 다시 꺼내 다시 한번 찬찬히 읽어보았다. 그러고서 문방구에 들러 B4 크기의 편지지를 구매했다. 그 위에 내가 보냈던 편지 한 글자 한 글자 옮겨 적었다. 네 장의 편지가 완성되고, 손목에는 묵직한 통증이 남았다. 마지막 장에는 새 편지를 썼다. 오직 그날을 위한 진심이었다.

2017년 9월 22일, 지인의 도움으로 숙소를 빌리고, 그녀를 초대했다.

그녀와 연인이 된 후 독일로 돌아가기 며칠 전 함께 거닐었던 화담숲을 프로포즈를 앞둔 그 시점에 다시 그녀와 걷고 싶었다. 우리는 우리가 가장 좋아하고 잘하는 일을 했다. 둘의 손을 붙잡고 함께 걷는 일. 한참을 걷고 숙소로 들어왔다. 꽤나 걸었던 터라 목이 말랐던 우리는 냉장고 문을 열어 맥주를 한 캔씩 꺼내 들고 짠, 청량한 소리를 냈다. 서로의 맥주를 부딪히는 순간, 차창 너머로는 어느새 황혼의 하늘이 펼쳐지고 있었다. 지구는 우직하게 자전하며 떠나기를 아쉬워하는 한낮의 더위에게 밤을 불러옴으로써 떠나기를 재촉한다.

이슥한 밤이 찾아왔다. 우리는 침대 위에서 서로를 마주보고 앉았다. 나는 준비한 편지를 꺼낸다. 그녀는 그 크기에 먼저 놀랐다. 담담히 그녀에게 편지를 소리 내어 읽어주었고, 그녀는 울었다. 그녀는 그런 사람이다. 담백한 진심에 눈물로 답할 줄 아는 사람. 편지를 다 읽고 나니 꽤나 오랜 시간이 지났다. 그제야 난 9만9천 원의 목걸이를 꺼내 그녀 목에 걸었다. 2년 전, 학생이던 내가 담임선생님이던 그녀에게 크리스마스 목걸이를 선물했던 것처럼. 2년이 지난 그날 밤, 이번에는 영원을 약속하는 목걸이를 나는 또다시 그녀의 목에 걸어주었다.

2017년 12월 23일. 회기역 앞 웨딩홀.
많은 이들이 우리를 축복하러 찾아왔다. 신랑 측은 고등학교 동창들, 신부 측은 동료 선생님들. 우리의 결혼식장은 마치 내가 졸업한 고등학교의 동창회를 방불케 했다. 시끌벅적할 줄 알았던 결혼식장은 오히려 고요하고 따뜻했다. 혜민의 오랜 친구가 축가를 부르자, 많은 이가 우리와 함께 눈물을 흘렸다. 감사한 순간들이었다.

> **사랑해 이 길 함께 가는 그대**
> **굳이 고된 나를 택한 그대여**
> **가끔 바람이 불 때만 저 먼 풍경을 바라봐**
> **올라온 만큼 아름다운 우리 길…**

그날, 우리의 사랑은 많은 이들의 축복 속에서 결실을 맺었다.

5년 후, 나는 서울의 한 고등학교 교사가 되었다. 첫 월급을 받던 날부터 조금씩 돈을 모았다.
그리고 그해의 12월 23일, 그러니까 우리의 결혼 5주년이 되던 날, 그녀의 손을 잡고 백화점으로 향했다. 영문도 모른 채 나를 따라와 내 옆에 있는 그녀와 함께 티파니 매장으로 들어갔다. 10만 원짜리 목걸이를 내가 준 선물이라 세상에 하나 밖에 없어서 소중하다며 매일 착용해 온 그녀에게, 이번엔 진짜 제대로 된 좋은 목걸이를 선물하고 싶었다.

그녀의 환한 웃음, 그 미소를 닮아 섬세하게 빛나는 목걸이를 골라 목에 걸어주었다.

다이아몬드의 영원함처럼, 우리의 사랑도 그렇게 계속 빛나기를.

4

12월 23일의 기적

 신혼 1년이 지나고 다시 겨울이 왔다. 거리의 입김은 희미한 안개처럼 흩어지고, 차가운 공기가 코끝을 찔렀다. 우리의 첫 번째 결혼기념일이 다가오던 때, 엄마에게서 전화가 걸려왔다.

 「민혁아, 엄마 친구 M이모 기억하지? 너희 결혼기념일이라고 힐튼 호텔 숙박권을 선물해주셨어. 저녁 뷔페도 포함이래. 즐겁게 다녀와.」

 전화기를 내려놓은 뒤, 우리는 잠시 말을 잃었다. 1년 동안의 우리를 아는 사람이라면 그 반응이 어떤 의미인지 짐작했을 것이다. 대학생인 나와, 생계를 홀로 책임지던 혜민에게 〈호텔 숙박〉은 감히 상상할 수 없는 사치였다. 그것도 크리스마스 시즌에, 결혼기념일의 이름으로.

 2018년 12월 23일 아침, M이모에게 감사 인사를 전하고 우리는 버스를 타고 지하철을 갈아타며

힐튼 호텔로 향했다. 자동차가 없던 우리에게 그 여정은 짧지 않았지만, 한겨울의 칼바람조차 마음을 꺾지 못했다. 첫 결혼기념일을 함께 맞이한다는 사실만으로 모든 것이 따뜻했다.

체크인을 마치고 곧바로 수영복으로 갈아입었다. 나는 물이 있는 곳이라면 어디든 뛰어드는 사람이었다. 유럽 여행 중 오버트라운에서 더위를 식히려 호수로 곧장 뛰어들던 그때처럼. 혜민은 수영은 서툴렀지만 물속에서 웃음을 지을 줄 아는 사람이었다. 우리는 한참을 물속에서 놀았다. 지금은 아이 둘을 키우느라 그때의 자유를 기억하기조차 어렵지만, 그날의 물결은 아직도 우리 몸 어딘가에 남아 있는 듯하다.

샤워를 마치고 저녁 뷔페로 향했다. 크리스마스 시즌의 식탁은 찬란했다. 샐러드와 스테이크, 파스타, 피자, 일식과 한식까지. 와인과 맥주가 잔마다 비쳐 흘렀다. 우리는 말 그대로 배부르게 먹었다.

호텔 방으로 돌아와 흰 시트 위에 나란히 누웠다. 티끌 하나 없는 침대, 고요한 호텔 방 안, 은은한 조명 아래에서 지난 1년을 천천히 되짚었다. 좋았던 일, 상처 난 일, 그리고 다시 회복된 시간들. 서로의 눈을 마주 보며 〈고맙다〉는 말을 주고받았다. 함께 있음이 곧 충분한 행복이었다. 우리는 서로의 가운을 벗기고, 체온으로 감쌌다. 그날 밤은 유난히 길었다.

며칠 후 새해가 찾아왔지만, 찾아오지 않은 손님이 있었다. 혜민의 생리가 예정보다 늦어졌다. 평소와는 다른 기운이 느껴진다고 했다. 나는 곧장 약국에서 임신 테스트기를 사왔다. 그녀는 〈한 줄이네〉라며 담담히 말했지만, 몇 분 뒤 내가 다시 확인한 테스트기에는 희미하지만 확실한 존재감을 보이고 있는 두 번째 줄이 떠 있었다. 나는 그것을 들고 방으로 들어왔다. 잠시의 정적 뒤, 우리는 말없이 서로를 안았다. 그날 밤, 나는 조금 더 세게 그녀를 끌어안았다.

다음 날, 함께 산부인과를 찾았다. 의사는 초음파 사진과 달력을 번갈아 보며 말했다.

「아기가 생긴 날짜가 아마… 12월 23일 즈음일 거 같네요.」

그날, 유난히 길었던 첫 번째 결혼기념일의 밤.

둘이 함께한 지 꼭 1년이 되는 그 날, 우리는 둘이 아닌 셋이 되었다.

딸에게 쓰는 편지

작년 10월 18일, 나는 처음으로 딸의 어린이집 운동회에 참석했다. 그동안 행사마다 학교 일정 때문에 함께하지 못했던 것이 늘 마음에 남았던 터라, 그날 아침은 유난히 들떴다. 아이를 어린이집에 먼저 등원시킨 후, 나는 따로 운동회 장소로 향했다. 먼저 도착해 지유가 오기만을 기다렸다. 멀리서 노란 줄지어 오는 아이들 무리 속, 단번에 눈에 들어오는 작은 얼굴.

「지유야, 아빠 여기 있어!」

내 목소리를 들은 지유가 활짝 웃었다. 한낮의 햇빛 위로 아이의 미소가 덧입혀져 세상은 한층 더 눈부셨다.

달리기 경기가 시작됐다. 지유는 웃음기 가득한 얼굴로 출발선에서 친구와 장난을 치고 있었다. 출발 신호가 울리고 두 아이가 동시에 뛰기 시작했다.

나는 목이 터져라 이름을 불렀다.

「지유야, 파이팅!」

하지만 곧 친구가 앞서 나갔다. 뒤쫓던 지유의 두 발이 엉켜 잔디 위로 넘어졌다. 나는 본능적으로 달려가고 싶었지만, 이미 지유는 내 생각보다 훌쩍 자라 있었다. 아이는 스스로 일어나 끝까지 달렸다. 결승선에 도착했을 땐 이미 순위가 결정된 뒤였지만, 내게 남은 건 아이의 포기하지 않은 얼굴이 전부였다.

결승선을 지난 지유는 풀이 죽은 채 구석으로 향했다. 나는 그 곁에 조용히 앉아 말했다.

「끝까지 달린 지유, 정말 멋졌어. 1등과 2등, 그런 등수는 전혀 중요하지 않아. 정말 중요한 건, 지유가 넘어져도 포기하지 않은 것. 아빠는 그런 지유의 모습이 대견해. 잘했어 지유야.」

조금은 누그러진 표정이 돌아왔다. 운동회가 끝나자 지유는 다시 노란 어린이집 버스에 올랐다. 창가에서 흔드는 조약돌처럼 작은 손, 그 손이 버스 창 너머로 멀어질 때, 괜히 눈가가 뜨거워졌다.

나는 곧장 아내의 학교로 향했다. 언제나 그렇듯 여유가 생기면 그녀에게 갔다. 학교 근처 카페에 앉아 책을 읽다, 문득 지유의 얼굴이 떠올랐다. 종이와 펜을 꺼내 편지를 썼다.

검은 잉크가 종이를 덮어갈수록 눈물이 한두 방울 떨어졌다. 잉크가 번졌다. 그러나 그 번짐마저 기록처럼 느껴졌다.

지유야, 아빠야.
오늘은 아빠가 처음으로 너의 운동회에 간 날이야.
그동안 공부하느라, 일하느라 함께하지 못한 게 늘 마음에 걸렸는데,
오늘 드디어 그 소원을 이루었어.
아빠에게 이런 순간을 선물해줘서 고마워.
내 사랑 지유야, 아침에 아빠가 짜증내서 미안해.
너에게 화난 게 아니야. 아빠가 독감 때문에 아파서 말이 날카로웠을 뿐이야.
지유야, 오늘 아침에 물었지?
「아빠, 아빠는 지유 사랑하지?」
그때도 안아주며 대답했지만,
다시 한 번 말해줄게.
아빠는 너를 무조건적으로 사랑해.
아빠 민혁이 엄마를 사랑하듯, 엄마 혜민이 아빠를 사랑하듯
아빠는 너를 〈그냥 너라서〉 사랑해.
잘하려 애쓰지 않아도 돼.
예뻐 보이려 꾸미지 않아도, 핑크색 옷을 입지 않아도,
〈지유니까〉 소중하고, 〈지유니까〉 사랑스러워.

누군가를 바라보기만 해도 눈물이 나는 사람이 있단다.
아빠에겐 엄마가 그랬고, 이제는 지유 너도 그래.
생일 축하받는 네 모습을 보며 눈물이 펑펑 쏟아진 아빠,
그래도 괜찮지? 이런 눈물 많은 아빠라도 사랑해줄 수 있지?
오늘 운동회에서 넘어졌을 때,
아빠는 그런 생각을 했어.
〈우리 지유, 정말 씩씩하구나.〉
두 번이나 넘어지고도 두 번 다 스스로 일어나 끝까지 달렸잖아.
그 모습이 얼마나 자랑스러웠는지 몰라.
잘할 필요 없어. 못해도 괜찮아.
아빠는 네가 지금처럼 환하게 웃고,
좋아하는 책 많이 읽고,
좋아하는 일을 찾아가길 바랄 뿐이야.
느리더라도, 1등이 아니더라도 끝까지 최선을 다하면 돼.
지유야, 아빠도 오늘 달리기 열심히 했어.
네가 보고 있어서 힘이 났거든.
엄지 척 하며 「아빠 최고!」 외치던 너를 보며
아빠는 참 과분한 인생을 살고 있구나, 라고 느꼈단다.

그러니까 지유야. 우리 지금처럼만 살자.
엄마, 아빠, 지유, 유진이, 그리고 하비까지.
사랑으로 우리의 시간을 켜켜이 쌓아가며 살자.
이 글을 읽고 네가 아빠에게 답장을 써줄 날을 기다릴게.
점심 맛있게 먹고, 친구들이랑 잘 놀고,
이따 엄마랑 같이 데리러 갈게.
같이 지유가 좋아하는 〈공룡 ABC〉 노래 들으면서 가자.
사랑해. 정말 많이 사랑해.

2023년 10월 18일,
지유의 아빠, 민혁.

온몸으로 듣는 법

혜민이 나의 삶 속으로 들어온 것이 첫 번째 전환점이었다면, 두 번째 전환점은 2023년 8월이었다. 그해 여름, 많은 이들이 크고 작은 상처를 입었다. 전례 없는 묻지마 칼부림 사건이 연이어 발생했다. 신림에서 시작된 첫 사건만으로도 충분히 충격적이었는데, 이후 유사한 사건들이 연달아 매스컴의 문지방을 닳게 했다.

    그 시기, 매일 울적한 뉴스를 접하던 나에게 가장 오래 남은 영상이 있었다. 빽빽한 지하철 칸 안, 한 남자가 사람들 틈을 헤치며 묵묵히 걸어가던 장면. 그의 어깨가 사람들 사이를 무심히 부딪치고 지날 때, 순간적으로 떠오른 불안과 공포가 열차 안을 뒤덮었다.

    비명, 혼비백산, 정차와 동시에 쏟아지는 발걸음들. 그 광경을 보고 문득 생각했다.

〈이게 맞나?〉

〈이런 모습이 우리가 바라는 사회의 얼굴일까?〉

그때부터 나는 세상에 〈조금은 따뜻한 이야기〉를 전하고 싶었다. 세상이 그렇게 무섭고 차가운 것만은 아니라는 걸, 우리가 서로를 믿으며 살아갈 수 있다는 걸 보여주고 싶었다.

혜민과 내가 살아가는 방식, 그 일상에서 자연스레 피어나는 온기를 나누고 싶었다. 결국 내가 하고자 한 건, 선한 영향력의 씨앗을 세상에 심는 일이었다. 그런데 세상에 외침이 닿으려면 먼저 사람들의 시선이 닿는 곳으로 나아가야 했다. 이름 없는 〈박민혁〉이 목청껏 외친다 한들 세상은 쉽게 고개를 돌리지 않는다. 그래서 나는 인스타그램 계정을 만들었다. 지금 사회에서 가장 빠르고 넓게 파장을 일으킬 수 있는 공간이라고 생각했다. 그곳에서 혜민과 나의 이야기를 나누기 시작했다. 우리의 생각, 삶의 태도, 작은 실천들을 꾸준히 올렸다.

1~2년은 걸릴 거라 예상했다. 하지만 결과는 뜻밖이었다. 첫 게시물, 우리의 러브스토리가 올라간 당일, 수많은 사람들이 댓글을 달고 응원의 메시지를 보냈다. 알고리즘이 그 반응을 감지하듯 이야기는 순식간에 멀리 퍼져나갔다. 계정을 만든 지 일주일 만에 팔로워 1만 명, 28일째 되는 날에는 3만 명을 돌파했다. 그저 〈강동구 사는 평범한 남자〉였던

내가 한 달도 안 되어 3만 명이 지켜보는 이야기를 전하게 된 것이다. (글을 쓰는 지금, 팔로워는 4만 명을 넘어섰지만 계정 해킹으로 현재는 새 계정을 운영 중이다.)

이 공간을 통해 나는 한 사람이라도 세상을 조금 더 따뜻한 시선으로 바라보게 되길 바랐다. 그래서 직접 연탄 봉사에 나섰고, 길가의 쓰레기를 줍는 플로깅 활동을 했다. 연말에는 100여 명이 모인 콘서트를 열어 참가비를 전액 푸르메재단에 기부해 장애아동의 수술비를 지원했다.

가정의 온기를 나누는 일,

환경을 지키는 일,

도움이 필요한 곳에 손을 내미는 일.

모두 가치 있는 일이었다.

그중에서도 내가 가장 애착을 갖고 이어가고 싶은 일은 〈경청클럽〉이다. 나는 이렇게 믿는다. 사람은 누구나 자신의 이야기를 하고 싶어 한다고. 속상한 마음, 고민, 혹은 사소한 하루의 단편이라도 누군가에게는 들어줄 귀가 필요하다고. 혹시, 세상을 뒤흔든 그 끔찍한 사건의 가해자들 역시 누군가 진심으로 이야기를 들어주었다면 결말은 달라지지 않았을까.

그들을 옹호하려는 마음은 전혀 없지만, 한 인간의 내면이 망가지기 전에 누군가 귀를 기울였더라면 어땠을까 하는 아쉬움이 남는다.

그런 마음에서 경청클럽은 시작됐다. 이 모임의 가장 중요한 원칙은 단 하나, 〈들어주는 것〉이다. 〈경청〉이라는 단어를 찾아보았다. 여러 정의 가운데 가장 마음에 남은 한 문장이 있었다.

〈경청이란 온몸으로 듣는 것.〉

귀로만 듣지 않고, 눈을 마주치고, 공감할 땐 손을 잡고, 상대의 말에 고개를 끄덕이며 온전히 집중하는 것. 경청클럽에서는 어떤 판단도, 조언도 하지 않는다. 그저 들어준다.

지금까지 네 차례의 모임을 가졌다. 신청자 중 다섯 분을 추첨해 초대했는데, 그들 인생의 모든 이야기를 다 들을 순 없었지만 한 사람 한 사람의 얼굴과 목소리, 말끝에 묻은 숨결까지 선명히 기억난다.

그 자리에서 많은 이들이 울었다. 단지 누군가 내 이야기를 들어준다는 그 사실만으로도 사람은 위로받는다는 걸 새삼 깨달았다. 그 후, 참여자들이 전해온 말이 있었다.

「이제는 저도 제 주변 사람들의 이야기에 귀를 기울이게 되었어요.」

그 말을 듣는 순간, 처음 내가 품었던 〈선한 영향력〉이라는 말이 결코 추상적인 꿈이 아니라는 확신이 들었다. 지금 내가 가고 있는 길, 그 길이 어디로 향하든 나는 그 방향을 잃지 않으려 한다.

따뜻함이 닿는 쪽, 그곳을 향해 한 걸음씩, 오늘도 천천히 나아간다.

텔레비전에 내가 나왔으면

인스타그램에서 올린 글이 많은 이들의 관심을 받기 시작하던 무렵, DM으로 낯선 연락이 도착했다. 자신을 KBS 방송국 작가라고 소개했다. 솔직히 처음엔 의심했다.

〈정말 방송국 작가일까? 혹시 신종 스미싱은 아닐까?〉

하지만 다행히도 그녀는 사기꾼이 아니었다. 진짜 KBS「인간극장」의 작가였다. 프로그램의 이름을 듣자마자 나도 모르게 되물었다.

「그 인간극장이요? 제가 아는 그 인간극장?」

익숙한 제목, 그리고 제목을 듣는 동시에 프로그램의 유명한 메인 테마가 머릿속에서 재생되었고, 이 모든 상황이 비현실적으로 느껴졌다. 어렸을 때 TV 앞에서 보던 그 프로그램으로부터 이제 내가 섭외를 받게 될 줄은 꿈에도 몰랐다.

감사하면서도 한편으론 겁이 났다. 그 무렵 인스타그램을 통해 쏟아지던 관심만으로도 이미 벅차고 조금은 두려웠으니까. 결국 출연은 정중히 고사하기로 했다.

시간이 흘러 그 일도 기억 너머로 잊혀질 무렵이었던 그해 11월, 그때의 작가님으로부터 다시 메시지가 왔다.

「잘 지내셨나요? 민혁 님과 혜민 님, 그리고 지유와 유진이의 모습 잘 보고 있어요. 혹시 마음에 변화가 생기진 않으셨을까요?」

그날 밤, 아이들을 재운 뒤 혜민과 마주 앉았다. 대화는 길지 않았다. 둘의 생각이 같았기 때문이다. 이제는 사람들의 관심이 낯설지 않았고, 무엇보다도 〈그냥 재미있을 것 같다〉는 단순하고 솔직한 마음이 동시에 들었다. 지금의 우리에게도, 그리고 언젠가 영상을 보게 될 아이들에게도 좋은 추억이 될 것 같았다.

「좋아요. 이제는 괜찮을 것 같아요.」

그 한마디에 작가님은 기뻐하며 말했다.

「며칠 안에 PD님과 함께 찾아뵐게요.」

며칠 뒤, 처음 인간극장 팀을 만나는 날. 혜민과 나는 하루 종일 설레면서도 긴장된 마음으로 온갖 추측을 쏟아냈다.

「오늘부터 바로 촬영이 시작되는 거 아닐까?」

「에이 설마, 그건 너무 급하지 않을까?」

그렇게 서로의 손을 꼭 잡은 채 기다렸다. 아이들은 아무것도 모른 채 배부르게 저녁을 먹고 노래를 부르며 놀고 있었다. 우리는 아이들에게 말했다.

「오늘 처음 보는 이모, 삼촌이 놀러 오실 거야. 우리 가족이 TV에 나올 수 있도록 도와주실 분들이야.」

잠시 후, 딸기 한 박스를 들고 PD님과 작가님들이 도착했다. 어색한 인사를 나누고, 거실에 둘러앉아 서로의 이야기를 나누었다. 다행히 그날은 촬영 없이 인사를 겸한 첫 만남으로 마무리되었다. 그들은 이미 인스타그램을 통해 우리의 이야기를 알고 있었기에 분위기는 처음부터 따뜻했다.

약 2주 뒤, 본격적인 첫 촬영이 시작되었다. PD님은 방송용 카메라를 어깨에 메고

우리의 하루를 함께하기 시작했다. 처음엔 어색했다. 누군가가 우리의 일상을 카메라에 담고 있다는 사실, 그리고 그것이 공중파로 나갈 거라는 사실이 현실감 있게 와 닿지 않았다. 나는 괜찮았지만 혜민이 신경 쓰이지 않을 수 없었다. 그런데 외출에서 돌아온 그녀가 〈Ronaldinho〉라고 큼지막하게 적힌 노란색 브라질 유니폼 티셔츠로 갈아입는 모습을 보고 웃음이 터졌다.

〈아, 걱정 안 해도 되겠구나. 우리는 그냥 우리답게 하면 되겠구나.〉

그날 이후 우리의 삶은 그대로 카메라에 담겼

다. 새벽 6시, 벨이 울리면 PD님이 들어와 촬영이 시작되고, 밤 12시, 불을 끄고 잠들기 전까지 카메라는 꺼지지 않았다. 꾸며낼 여유도, 과장할 틈도 없었다. 그래서 더 진짜였다.

한 달 남짓 함께 지내며 PD님과 정이 들었다. 그는 혜민과 나를 볼 때마다 조용히 아버지 미소를 지었고, 아이들을 진심으로 예뻐해 주었다. 우리의 결혼기념일에는 촬영을 잠시 멈추고 자비로 파인다이닝 식사를 선물해주기도 했다. 지금도 그를 떠올리면 미소가 난다. 참 좋은 인연이 하나 생겼다.

그리고 2024년 1월 15일, 드디어 우리의 인간극장 첫 방영일. 혜민과 나는 늦잠의 유혹을 뿌리치고 아이들이 깨기 전, 나란히 TV 앞에 앉았다. 익숙한 오프닝 음악이 흘러나오고, 화면 속에 우리의 얼굴이 비쳤다. 어렸을 적 흥얼거리던 노래의 한 구절이 머릿속을 스쳤다.

텔레비전에 내가 나왔으면…

이제 그 노래가 현실이 되었다. 30분이라는 시간이 놀랍도록 짧게 느껴졌다. 방송이 끝나자 나는 말했다.

「나가길 참 잘했다. 정말 좋은 추억이야.」

혜민은 미소 지으며 고개를 끄덕였다. 5일 동안 매일 아침 우리의 이야기가 방송되었다. 방송국 내부에서도, 시청자들 사이에서도 큰 반응이 있었다고 했다. 유튜브 클립은 인기 급상승 2위까지 올랐다.

얼마 동안은 외출할 때마다 사람들이 〈잘 봤어요〉라며 인사를 건넸다. 그해 2월, 가족 여행으로 떠난 일본에서도 우리를 알아본 사람들이 있었다.

〈인생에서 또 이런 경험을 할 수 있을까.〉

감사하고, 신기하고, 꿈같은 시간이었다. 우리는 그저 서로를 사랑했고, 사랑하는 둘이 만나 가정을 이루었을 뿐이다. 그 과정에서 축복처럼 두 아이가 찾아왔다. 그 단순한 삶의 모습이 편견 없이 받아들여지고, 함께 웃고, 함께 울어주는 이들이 있었다. 그 사실이 나를 울렸다. 그동안의 시간들이 모두 보상받는 듯했다.

〈그래, 나 참 잘 살아왔구나.〉

〈내가 내린 선택이 옳았구나.〉

앞으로도 수많은 선택의 기로가 있겠지만 내가 주체가 되어 내가 옳다고 믿는 길을 간다면 지금처럼, 그때처럼 우리는 또 행복할 것이다. 그리고 이 방송을 본 이들, 이 글을 읽는 이들 역시 〈자신이 옳다고 믿는 것〉을, 〈진심으로 원하는 꿈〉을 좇아 스스로의 행복을 만들어가길 바란다.

하루키와 비포 선라이즈 사이에서

나는 자타공인 취미가 많은 사람이다. 하고 싶은 일이 끝도 없고, 24시간이 늘 모자라다. 무언가에 관심이 생기면 끝까지 파고드는 성향이라 〈덕후〉라는 말도 자주 듣는다.

스포츠 경기 보기(해외축구, NBA, F1, KBO, MLB, NFL), 운동(축구, 달리기), 책 읽기(문학뿐 아니라 IT, 경제, 건축, 예술 장르까지), 글쓰기, 전시회 관람, 음악과 영화, 가구와 조명 수집까지, 매일이 바쁘다.

가장 좋아하는 작가는 단연 무라카미 하루키다. 그의 책은 거의 모두 읽었고, 내 서가 한 자리를 가득히 채우고 있다. 학창 시절, 우리 집 책장에 꽂혀 있던 오렌지색 표지의 『노르웨이의 숲』이 시작이었다. 그의 인물들이 품은 공기, 문장의 리듬, 디테일에 대한 집착. 나는 특히 그의 사소한 묘사를 사랑한다. 예를 들어, 『도시와 그 불확실한 벽』에는 이런 문장이 있다.

나는 벤치에 앉아 너를 바라본다. 그 여름날 해질 녘의 모습 그대로다. 네가 신고 있던 선명한 빨간색 샌들을 나는 떠올린다. 가까운 풀더미에서 불쑥 뛰어오른 메뚜기도.

아무 일도 일어나지 않는 장면이지만, 마지막 문장에서 나는 멈췄다.

〈불쑥 뛰어오른 메뚜기도.〉

그 한 구절 덕분에 나는 책 속의 여름으로 순간 이동한다. 햇살, 바람, 풀내음, 샌들의 색이 머릿속에 선명히 살아난다. 이 사소함이야말로 하루키가 독자를 데려가는 방식이고, 나 또한 언젠가 그런 글을 쓰고 싶다는 욕심을 홀로 품어본다. 읽는 것만으로 시간과 공간이 달라지는 글, 그런 문장이 내게도 있기를 꿈꾼다.

다음으로 내가 가장 사랑하는 영화는 리처드 링클레이터 감독, 에단 호크와 줄리 델피 주연의 영화 「비포 선라이즈」(1995)이다. 이후 나온 「비포 선셋」(2004) 그리고 「비포 미드나잇」(2013)으로 이어지는 「비포 시리즈Before Trilogy」의 첫 번째 작품인 「비포 선라이즈」를 가장 좋아한다.

고등학생 때 처음 보고, 지금까지 적어도 스무 번은 본 것 같다. 이 영화의 전개 방식은 굉장히 독특하다. 두 남녀가 한 열차에서 서로를 처음 만난다. 우연한 이유로 함께 오스트리아 빈에 하차한다. 그리고 두 남녀는 하염없이 빈의 거리 곳곳을 걸어다닌다. 그리고 대화한다. 그게 이 영화의 전부다.

대부분의 장면은 롱테이크로 이어진다. 수십 분 동안 끊어지지 않고 대화하는 장면 여러 개로 구성된다. 그렇다고 대화의 주제가 굉장히 심오하거나 철학적이지도 않다. 그저 일상적인 대화를 주고받는다. 〈대화〉가 전부인 영화. 그 점이 내가 바로 이 영화를 사랑하는 이유이다.

누군가 나에게 특기가 뭐냐고 묻는다면 주저 없이 말할 것이다.

「대화요.」

그만큼 나에게 대화는 큰 의미이다. 나에게 대화는 사랑이다. 대화를 통해 사람을 알아가고, 치유하고, 사랑의 결실을 맺을 수 있다. 혜민과 나의 관계도 대화로 자라났다. 우리는 대화한다. 서로에게 고마운 일, 속상한 일, 일상 속 사소한 사건들에 대해 말한다. 대화를 하다 보면 그 사람의 진심을 알게 된다. 서운했던 일들도 대부분의 경우 사실은 〈너가 나를 사랑했기에〉 그랬다는 걸 알게 된다. 우리가 결혼하기 전, 담임선생님과 학생 사이였을 때도, 그로부터 9년이 지난 지금도 마찬가지다. 그녀와 대화하는 게 즐겁다. 우리에겐 대화가 곧 사랑이다.

조금 더 많은 이들이 대화가 가져다주는 사랑, 행복을 느낄 수 있게 되길.

서투른 말이라도 좋다. 내 생각과 감정을 사소하지만 정확히 묘사해보자. 상대의 말을 귀로만이 아니라 마음으로 들어보자. 그렇게 할 수 있다면, 우리는 조금 더 오래, 조금 더 깊게 사랑할 수 있을 것이다.

모든 순간마다 네가 진심이길

나의 아들, 유진아.
아빠가 힘들었던 시기에 와주었던 너, 세상 그 누구보다 아빠를 좋아해주고 사랑해주는 너에게 하고 싶은 말이 있어.
유진아, 지유 누나 다음으로 엄마 아빠에게 온 축복인 너의 시간은 유독 빠르게 흐르는 거 같아. 아빠가 너에게 바라는 건 언제나 하나야.
〈건강하게 자라주기.〉
그거면 충분해. 존재만으로 이미 행복을 주는 아이니까. 혹시 시간이 흘러 너에게도 살아가는 게 버겁거나 지치는 순간이 올 때, 이 말을 꼭 꺼내어 보았으면 해. 누워 있어도, 몸을 뒤집기만 해도, 벽을 잡고 서기만 해도, 도저히 알아들을 수 없는 말을 외칠 때도 넌 우리에게 사랑이었어.

아빠는 네가 아침에 눈을 비비며 〈아빠!〉 하고 달려올 때마다 하루의 시작이 얼마나 따뜻해질 수 있는지를 새삼 느껴.

어른이 된다는 건 매일 무거운 짐을 지고 걸어가는 일이지만, 너의 한마디, 한 번의 웃음이 그 짐을 가볍게 만들어준단다. 너가 처음으로 벽을 잡지 않고도 두 발로 한 걸음 두 걸음 내딛던 순간이 생각이 나. 그때 아빠는 정말 아이처럼 웃었어. 정말 몸이 가벼워지는 기분이었어. 걷는 것만으로도 나에게 커다란 행복을 가져다준 아이란 걸 잊지 않을게. 혹시 시간이 지나 너에게 나의 욕심을 부리고 있는 아빠를 혹 발견하거든, 이 글을 보여주렴.

아빠는 네가 아직 아주 어릴 때부터 늘 고맙다는 말을 하고 싶었어. 아빠가 짜증을 낼 때도, 바쁘다고 네가 건넨 손을 잠시 외면할 때도, 너는 언제나 아빠를 용서해주었지.

「아빠 사랑해.」

그 말 한마디가 아빠를 다시 사람이게 했단다. 유진아, 아직 어린 나이에 〈사랑〉을 다 알 수 없겠지만 아빠는 그 사랑이 이미 너의 몸짓과 눈빛 안에 있다는 걸 알아. 네가 엄마를 껴안는 모습, 누나를 향하는 손끝, 하비에게 말을 걸 때의 목소리 안에는 이미 다정이 자라 있거든.

언젠가 너도 누군가와 사랑을 나누고, 삶의 크

고 작은 결정을 내려야 할 날이 올 거야. 그때 아빠처럼 서툴러도 괜찮고, 아빠와 달라도 괜찮아. 단 하나의 바람이 있다면, 그 모든 순간마다 네가 진심이길. 그게 아빠가 배운 사랑의 방식이니까.

아빠는 매일 글을 쓰고, 사람들의 이야기를 듣고, 대화의 힘을 믿으며 살아가려 해. 그건 결국 너와의 대화를 오래, 길게 이어가기 위한 연습일지도 모르겠어. 언젠가 우리가 같은 책을 읽고, 같은 영화를 보고, 그에 대해 밤늦게 이야기할 수 있다면 그날이 아빠의 인생에서 또 하나의 전환점이 될 거야.

지금처럼 너의 세상 모든 해로움을 물리치는 미소를 잃지 않길 바라. 너에게 다가올 세상이 얼마나 무서울지, 너를 겁나게 할지 알 수 없지만 엄마와 아빠는 언제나 너의 편이야. 그러니 부디 건강하게, 행복하게, 너 스스로를 사랑할 줄 아는 사람이 되렴.

유진아,

아빠는 지금도 너를 안으며 이렇게 속삭여.

「세상에 와줘서 고마워. 너의 아빠로 살 수 있게 해주어 고마워.

너는 아빠 인생의 가장 아름다운 문장이야.」

에필로그

다시, 12월의 약속

겨울의 공기는 늘 얇다.

작은 말도 더 멀리, 작은 숨도 더 선명하게 번진다. 나는 한 해의 끝마다, 같은 장면을 떠올린다. 키 작은 나무에 불이 켜지고, 벽에 걸린 달력의 마지막 장이 조용히 손을 들어 인사를 하는 순간. 그때마다 나는 마음속 오래된 약속으로 돌아간다.

「한 번 더 사랑하고, 한 번 더 듣고, 한 번 더 기다리자.」

내가 처음 사랑을 배운 곳은 한 교실의 창가였다. 그 사랑이 가족이 되었고, 가족의 언어가 세상을 향한 말이 되었다. 세상이 우리의 이야기를 비춰줄 때, 나는 다시 듣는 법을 배웠다. 귀로만이 아니라, 눈으로, 손으로, 온몸으로.

아이들이 잠든 밤이면, 나는 불 꺼진 거실을 천천히 지나, 창문에 비친 우리의 하루를 한 장씩 넘긴다. 넘어지고도 다시 일어나 끝까지 달리던 작은 발, 낯선 밤을 지나 내 이름을 불러주던 목소리, 서툰 손으로도 끝내 고리를 채워주던 순간들. 그 조용한 기록들이 나를 살린다. 그래서 나는 내일도 같은 약속을 반복하려 한다. 사랑을 내고, 경청을 더하고, 기다림으로 마침표를 찍는 삶. 아주 단순해서 오래 견디는 방법.

    12월의 밤공기는 오늘도 얇다.

    창밖 어딘가에서 눈이 시작되는 소리가 들리는 듯하다. 아이들의 방문을 살며시 닫고 돌아서며, 나는 낮게 중얼거린다.

    「괜찮아. 우리는 충분히 잘해왔고, 내일은 오늘보다 더 따뜻해질 거야.」

    그 말이 내게, 내 곁의 사람들에게, 그리고 아직 만나지 못한 누군가에게 조용히 가 닿기를 바라며.

    나는 다시, 12월의 약속을 켠다.

작가의 말

사랑으로 기억하는 삶

이 책을 쓰는 동안 제가 살아온 시간들을 기억하려 애썼습니다. 어린 시절 가족과의 시간, 혜민을 처음 만나던 순간부터 지유, 유진과 함께하게 될 때까지의 시간. 그 시간들을, 그 생생한 순간들의 기억을 떠올려 보았습니다. 삶의 흔적이 녹아 있는 기억을 떠올리는 일, 그것의 문법이 있다면 사랑이 아닐까요. 사랑으로 기억하고, 사랑으로 그것을 떠올립니다. 그러니 제게 기억의 문법은 사랑입니다.

아주 사소한 것도 잃어버리고 싶지 않은 저에게 가장 소중한 것은 기억입니다. 기억들이 모여 저를 만든다고 생각합니다. 그 기억들을 잊지 않기 위해, 기억의 문법을 잊지 않으려 합니다.

사랑 받고, 사랑하는 저는 언제까지라도 사랑 속에 있겠습니다. 어쩌다가 이 책을 마주치고, 한 장씩 넘기며 글을 읽게 될 모든 분들 역시 부디 〈사랑하는 삶)을 살게 되길 기도합니다.

2025년 12월,

박민혁

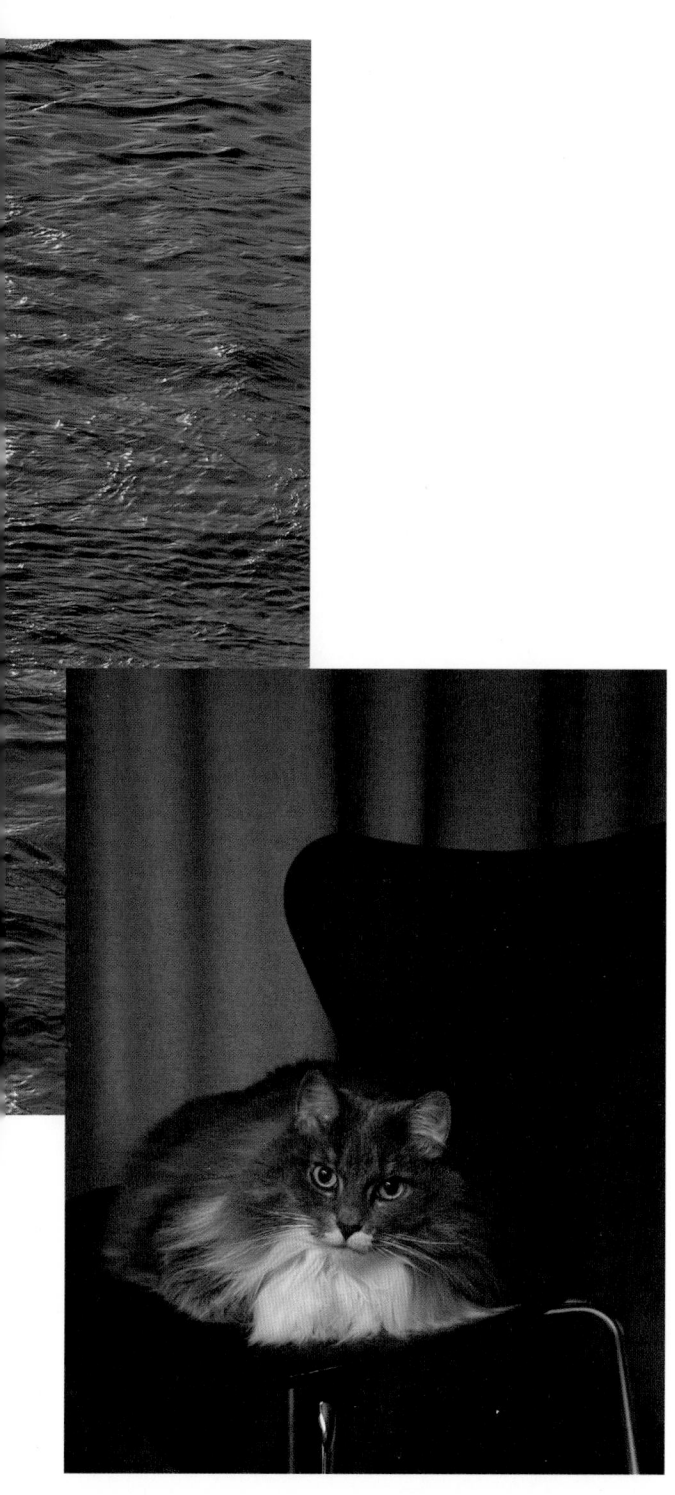

기억의 문법

지은이 박민혁
발행인 홍유진
발행처 에피케
대표전화 02-334-2024
인스타그램 @epikhe_books
이메일 hello@epikhe.com
에피케는 여러분의 소중한 원고를 기다립니다.

Copyright (C) 박민혁, 2025, *Printed in Korea.*

ISBN 979-11-991112-4-0 03810
발행일 2025년 12월 8일 초판 1쇄

지은이 박민혁
@unicornpapa897

어려서부터 운명 같은 사랑을 믿었고
기적과도 같이 한 사람을 만나
남은 평생을 함께할 수 있게 된 남자.
되도록 많은 사람들이 하루를 살아내며
〈오늘 너의 하루는 어땠어〉라고
물어볼 소중한 인연이 곁에 있는 삶을 살기를 바란다.